Harjasta maailmalle

Harjasta maailmalle

*Kirjoituksia Liisa Tellervosta
ja siitä läheltä*

Toimittanut Teemu Paarlahti

Harjasta maailmalle: kirjoituksia Liisa Tellervosta
ja siitä läheltä

Toimittanut Teemu Paarlahti

Kustantaja: BoD · Books on Demand GmbH, Helsinki,
Suomi
Kirjapaino: Libri Plureos GmbH, Hampuri, Saksa
ISBN: 978-952-80-8548-5

ESIPUHETTA JA SELITTÄMISTÄ

"Ei minun elämässäni ole tapahtunut mitään ihmeellistä." Näin äitini Liisa Tellervo Paarlahti, os. Seppi vastasi jonain 2000-luvun alkupään vuonna, kun sanoin, että hänen pitäisi kirjoittaa muistelmia. Olin eri mieltä: ainoastaan hän lähimmästä piiristämme osaisi kertoa, millaista oli elää lapsena 1940-luvun Etelä-Pohjanmaalla, millaista katsoa kodin ohi puhisevaa junaa tietäen, että isä on siinä matkalla sotaan. Ja niin edelleen. Speden omenat ja Veskun ruotsin ehdot ja paljon muutakin on äitini matkalla ollut.

Myöhemmin ajattelin kirjoittaa äitini muisteluita talteen itse. Hankin tallentimen, johon haastatella häntä. Asia ei lähtenyt etenemään, sitten tuli kevät 2020 ja koronanperkele. Kaikenlaista muutakin ilmeni. Oli olevinaan tärkeämpää kirjoitettavaa, siis mieluisampaa. Työni Tampereen seurakuntien sairaalapastorina yliopistosairaalassa ja työsuojelutehtäväni siinä sivussa veivät minusta mehut sillä tavalla, että työpäivien jälkeen ja äitini luona ollessani en yksinkertaisesti jaksanut tarttua asiaan. Minussa syksyllä 2018 tapahtunut aivoverenvuoro ei jättänyt minuun kovin kauas näkyviä toiminnanvajauksia, mutta arvet sen jäljiltä ovat. Leipätoimeen työtehoni riittää, ei aina haluamaani sen ulkopuolella. Oli syitä ja tekosyitä. Että sitten joskus, kun.

Liisa Tellervon yhdeksännenkymmenennen syntymäpäivän alkaessa vääjäämättä tulla lähelle ajatuksekseni kirkastui tehdä tämä kirja. Ei elämäkerta, ei muistelmat, mutta *juhlakirja. Liisa Tellervosta ja siitä läheltä.* Päätin osallistaa lähipiiriä ja asettua samalla teoksen toimittajan rooliin. Toisen tekemän tekstin työstäminen ja aika ajoin myös kirjoittamaan herkällä otteella patistaminen on joskus vaikeampaa kuin oman kirjoituksen tuottaminen. Edelleen oli yli kierros maaliin.

Nyt ollaan sillä maaliviivalla, jolla on aika antaa lopputulos lukijalle ja sanoa, että *se on siinä.* Tällä kirjalla sen tekijät siis juhlistavat Liisa Tellervon yhdeksänkymmentävuotista elämää. Rakkaalla on ollut lähimmilleen monta nimeä: Äiti, äitee, mude, mutsi, mummu, fammu. Ähvä ja Suuri muinainen. Äippä Liisa Tellervo ei ole koskaan ollut.

Harjasta maailmalle pitää alaotsikkonsa mukaisesti itsessään *kirjoituksia Liisa Tellervosta ja siitä läheltä.* Se kertoo Liisa Tellervosta, mutta vähintään yhtä paljon meistä, jotka olemme hänen läheisinään jakaneet elämää hänen kanssaan. Siitä, millä tavalla Liisa Tellervo on ollut elämässämme olemassa ja vaikuttamassa.

Kirja kiinnostaa uskoakseni ensimmäiseksi niitä, jotka ovat tunteneet Liisa Tellervon tai ovat hänelle sukua. Mutta toiveeni on, että se myös viihdyttää ketä tahansa lukijaansa ja innostaa pohtimaan omaa ja läheistensä elämänkulkua – mitä siitä kerrotaan ja mitä jää kertomatta. Valtava määrä mikrohistoriaa painuu unohduksiin ja vajoaa sedimentteihin ihan siksi, että emme huomaa sitä kertoa tai kysellä sen perään. Kun se tuntuu niin tavalliselta. Ja jokainen vähänkin pitempi ihmiselämä on mittasuhteiltaan lopulta niin suuri, että sen kirjaaminen muistelmiksi on totista työtä ja onnistuu huonosti, jos puuhaan ei ole mahdollista paneutua kokopäivätoimisesti. Ja kaikenlaisten syiden ja tekosyiden takana on suuri ja mahtava tosiasia, että me ihmiset pakkaamme aika ajoin olla laiskoja ja mukavuudenhaluisia.

Paljon jää siis Liisa Tellervonkin elämästä kertomatta, mutta niin tulee ollakin. Lähimpienkään ei pidä tietää kaikkea, ei silloinkaan, kun kaapeissa eivät kolisi luurangot.

Kiitän kaikkia kirjan tekemiseen panoksensa antaneita. Kirjoittajia ja hanketta muuten edistäneitä: kummitätiäni Aino Salmea, sisartani Jaana Paarlahtea ja hänen tytärtään Hilla Vallinia, lapsiani Pilvi Laurikkaa, Perttu Paarlahtea ja Pinja Väisästä, puolisoani Sanna-Leena Paarlahtea. Ystäväni Ismo Kunnas antoi käyttööni muutaman mukavan muistelun hänkin. Kirja itsessään on kiitos äidilleni.

Kiitettäviä olisi paljon muitakin, heidän listaamisensa nimeltä mainiten olisi vaikeaa. Tulkoon erikseen tässä mainituksi työtoverini sairaalapastori Heimo Suonsivu, jonka kanssa TAYS Hatanpään henkilöstöravintola "Kerosiinissa" (oikeasti Carotiini) käymämme lounaskeskustelut menneiden vuosikymmenten elämästä Tampereen hyvässä etelässä ja kuusikymppisten omiin vanhempiin liittyvistä kysymyksistä olivat monesti omiaan virittämään tekeillä ollutta hanketta ja panivat minut sanomaan itselleni, että minähän teen sen kirjan. Ja tässä se nyt siis on. Virheitä siihen on jäänyt varmasti, sillä kirjoihin jää aina. Vastaan niistä ja häpeän tarpeen vaatiessa.

Turkulainen tietokirjailija ja kustantaja Juri Nummelin, minunkin tuotantoani Kustantamo Helmivyönsä kautta julkaissut tosihumanisti, antoi joskus takavuosina yhtä kirjaa tehdessäni neuvon, että *"kannattaa käyttää vähän robustimpaa fonttia"*. Se on hyvä ohje paitsi kirjan tekemiseen, monta kertaa vähän muuhunkin elämässä. Tässä teoksessa käytetty fontti on Georgia, sellainen sopivan robusti.

Mäntässä marraskuussa 2024
Teemu Paarlahti

"Elämän juhlissa oppii,
että sivuovet ovat mainio keksintö."

Teemu Paarlahti

Teemu Paarlahti (s. 1963) on rokkia rakastava sairaalapastori, VTM, Haapamäen radan kulkija, kirjallinen puuhastelija ja kaikenlaisen muunkin tarpeellisen ja kenties tarpeellisen kapistelija: työnohjaaja ja työsuojeluvaltuutettu, joka tuli vuonna 2022 suorittaneeksi vielä tuotekehitystyön erikoismmattitutkinnonkin. Liisa Tellervon poika.

Ketjuun

Täältä me tulemme. Maija ja Eino toivovat lapsia ja heinäpoutia. Aino muistelee, Liisa Tellervo laskee hevosia. Kymmenen kymmentä ja Speden omenat.

He katsovat soikean kehyksen sisältä
silmissään toivo
lapsista ja heinäpoudista

mies ja nainen
suut jotka eivät olleet maistaneet appelsiinia,
pystylaudoitettu seinä.

Kukkakimpun suojasta johtajat puntaroivat
uhrejaan.

Kaikki tämä on lahonnut
mies ja nainen,
pystylaudoitettu seinä

koskaan ei voi tietää mikä kuva
mikä peili.

Teemu Paarlahti *(julkaistu alun perin teoksessa Ritva Begman (toim.): Että näkyisivät tähdet. Kynäsilta ry ja Heinolan maaseurakunta 2001)*

AINO SALMI

MUISTIN KUVIA LIISA TELLERVOSTA

Sisareni Liisa syntyi tammikuussa 1935. Silloin maassa oli vielä rauha. Sitten muutamaa vuotta myöhemmin Neuvostoliitto hyökkäsi Suomeen. Marraskuussa 1939 alkoi talvisota, joka vei isä-Einon rintamalle. Liisa ja häntä vuoden nuorempi Erkki jäivät kotiin Maija-äidin kanssa. Asuttiin Tätilän porstuakamarissa. Paikka oli turvallinen, kun samassa pihapiirissä asui viisi tätiä, yksi paappa ja "Laturin mummu", jotka kaikki varmasti olivat osaltaan kasvattamassa ja huolehtimassa pihan kahdesta lapsesta.

Esimerkkinä yhteisöllisestä huolehtimisesta voisi kertoa vaarallisen tapahtuman: Erkki pääsi kenenkään huomaamatta kiipeämään talon katolle. Kun tilanne huomattiin, Erkki seisoi katon harjalla ja ilmoitti, että jos joku tulee häntä hakemaan, hän hyppää alas. Laturin Saima otti tilanteen haltuun, kiipesi varovasti tikapuita ylös ja onnistui houkuttelemaan pojan turvallisesti alas.

Tätilässä oli niihin aikoihin hevonen nimeltä Tipurti, joka oli vähän häjy eli luonteeltaan hurja. Se tykkäsi välillä potkaista täräyttää, eikä silloin ollut hyvä olla sen potkuetäisyydellä. Oli talvi ja Tipurti oli pantu liekaan lähtöä varten pihaan hietaläjän (hiekkakasan) viereen. Liisa ja Erkki olivat ulkona leikkimässä ja jompikumpi (todennäköisesti Erkki) sai mahtavan idean. Vuoron perään lasketeltiin kasalta Tipurtin mahan alitse. Sitä hauskuutta kesti, kunnes joku pihan "huoltojoukoista" kauhukseen äkkäsi tilanteen ja komensi laskettelijat ruotuun. Koko hauskuuden ajan Tipurti seisoi jalkaansa nostamatta hievahtamatta paikallaan. Se oli kaikesta huolimatta siis lapsiystävällinen eläin. Luulen, että parivaljakko sai tilanteen lauettua kuunnella useampaakin naispuhujaa.

Kerran Liisa halusi järjestää syntymäpäiväkseen oikein kunnon juhlat, mutta mistä saisi kutsuvieraat? Tähän ongelmaan päivänsankari keksi oivan keinon. Tätilän talo sijaitsi aivan Kauhajoelta Kurikkaan vievän maantien varrella. Liisa meni seisomaan maantien laitaan ja päätti kutsua kaikki ohikulkijat bileisiin. Siihen aikaan maalla romanit kiertelivät hevosilla isoinakin ryhminä. Sattuipa niin, että juuri silloin sellainen karavaani kulki ohi. Siispä Liisa kutsui koko konkkaronkan synttäreilleen. Onneksi romanit olivat sen verran fiksuja, että kiittivät kutsusta, mutta ajoivat eteenpäin. Tarina ei kerro, ketä syntymäpäiville tuli, vai tuliko ketään.

Rehellisyys taitaa olla Etelä-Pohjanmaalla hyveistä suurin ja siihen lapset opetetaan pienestä pitäen. Tulipa kerran romani taloon pyytämään leipää. "Valitettavasti en voi antaa, kun talossa ei ole yhtään", äiti sanoi. Mutta silloin Liisan sormi nousi nuhtelevasti pystyyn: "Äiti, sinähän leivoit juuri eilen ja vintin orressa on vaikka kuinka paljon leipiä", pieni Liisa torui. Äidin ei auttanut muu kuin hakea vintistä pyytäjälle leipä.

Talvisodan vielä riehuessa Liisa ja Erkki saivat pikkusiskon. Siihen aikaan lapset syntyivät kotona. Lapsivuoteen ajaksi apuun pyydettiin kylältä Kuuselan Hilja, joka myös yöpyi perheen luona, jotta apu olisi aina lähellä. Hilja oli lievästi sanottuna pulskahko. Kun ylimäärästä tilaa ei ollut, Liisa joutui nukkumaan "Hiljan seinällä", eli samassa sängyssä seinän puolella. Kun tuli nukkumaan menon aika, Hilja istui sängyn laidalle, loihe lausumaan "hoh Herra siunakkoon" ja rojahti sänkyyn.

Sen jälkeen Liisalla oli tosi ahtaat oltavat koko yön. Taisipa 5-vuotiaalta päästä syvä helpotuksen huokaus, kun äidin auttaja lähti, ja sai taas nukkua yönsä rauhassa.

Sitten koitti Liisan kouluunmenon aika. Kun Erkkikin vuotta myöhemmin lähti opintielle, Liisa sai koulumatkalle kaverin, joka tosin silloin tällöin oli Liisalle enemmän riesa kuin hauskuus. Erkillä kun tuppasi joskus olemaan omat metkut mielessä. Sitten kouluun majoitettiin Karjalasta sotaa paenneita evakkoja ja pienten koululaisten matka piteni. Koulua alettiin pitää lähellä Kurikan rajaa sijaitsevan Yli-Harjan talon suuressa tuvassa. Koulumatka käveltiin isän tekemät tuohikontit selässä.

Mutta niin kuin sanotaan, kaikki loppuu aikanaan, niin myös tämä varakoulun aika, ja lapset pääsivät takaisin omaan oikeaan kouluun. Koulussa järjestettiin joka talvi hiihtokilpailut, joissa sisarusten kesken sattui kerran vähän hankala tapaus. Erkki lähetettiin ladulle ennen Liisaa, mutta kuinka ollakaan, Liisa sai pikkuveljen kiinni ja pyysi latua. Edellä hiihtäjän reaktio oli kuitenkin varsin ärhäkkä. ”Jos yritätkin mennä edelle, lyön porkalla suksesi halki!” Tiedossani ei ole uskalsiko Liisa ohittaa.

Syy Erkin huonoon hiihtomenestykseen oli, että hänellä oli pissat housuissa, ja kaikkihan tietävät, että tilanne on: ensin on lämmin, mutta sitten jäätävän kylmä. Kun asiaa sitten kotona selviteltiin, niin veljen selitys oli, että hänelle tuli pissahätä juuri kun hän oli lähtövuorossa, eikä siinä enää voinut ajatellakaan hyysiin (vessaan) menoa.

Sitten tuli eteen oppikouluun siirtyminen. Liisa oli Laturinnumeron ensimmäinen oppikoululainen ja aikanaan ensimmäinen ylioppilas. Koulumatkaa oli nyt kymmenen kilometriä, ja se taitettiin syksyllä ja keväällä pyörällä ja huonolla säällä ja talvella linja-autolla, "Kristiinan piilillä." Linjuri oli keltainen ja vanhaa pitkänokkaista mallia. Matkustajina yhteiskoulun tienhaaraan saakka oli yleensä pelkkiä koululaisia. Autoa ajoi mies, jolle koululaiset antoivat nimen Jahvetti. Jahvetti tiesi tarkkaan, kuinka monta koululaista tuli mistäkin tienhaarasta. Jos jossain kohdassa ei ollut ketään tai liian vähän odottajia, hän kurkkasi ympärilleen ja jos näki jonkun juoksevan kaukana sivutiellä, hän odotti, kunnes myöhässä olija pääsi kyytiin ja vasta sitten jatkettiin matkaa. Linjuri oli aina tupaten täynnä, eikä Laturin mutkasta yleensä tarvinnut odottaa pääsevänsä istumaan. Kun minäkin jo olin oppikouluiässä, keksin mielestäni hauskan jekun, josta sain Liisalta torut. Kun meitä seisoi peräkkäin melkein toisissamme kiinni bussin käytävällä, takana seisovan oli kiva koukistaa polvia, jolloin kaikki edessä seisojat joutuivat tekemään samoin, ikään kuin Domino-pelissä.

Liisa oli luokkansa parhaimmistoa ja aina kiltti ja tunnollinen. Kun kävin vielä keskikoulua, sain piirustuksen tunnilla satikutia opettajalta oltuaan vähän "rauhaton" tunnilla. "Liisa oli aina niin kiltti, ei teitä uskoisi sisaruksiksi", opettaja nuhteli.

Liisa on aina ollut kätevä käsistään. Välillä kokeilimme aivan uusiakin asioita. Kerran keräsimme erilaisia lehtiä, ostimme kankaanpainantavärejä ja painoimme lehdillä jokamiehen lakanakankaalle Liisan vinttikamariin ainakin omasta mielestämme oikein hienot ikkunaverhot. Liisa ompeli usein minullekin mekkoja. Kun niitä välillä sovitettiin, sain usein satikutia ompelijalta. "Eihän tästä sovittamisesta tule mitään. Seiso kiemurtelematta, muuten tämä tanttu ei valmistu koskaan!" Mutta minkäs teit, kun olin niin herkkä kutiamaan.

Tuttu perhe kylältä muutti Aronkylään ja perusti sinne leipomon aivan maantien varteen. Minut ja paras lapsuuden leikkitoverini Ojaniemen Aino oli kutsuttu perheen luokse kyläilemään. Ja mehän innostuimme, varsinkin kun tiesimme, että meille tarjottaisiin leipomon herkullisia munkkeja. Mutta voi harmi, minua neljä vuotta nuorempi pikkusisko Marja-Leena sai vihiä asiasta ja ilmoitti, että hän tulee mukaan. Ja sehän ei missään tapauksessa käynyt päinsä. Aronkylässä oli samaan aikaan uimakoulun päättäjäiset ja uusien uimamaistereiden vihkimistilaisuus, jossa mm. veljemme Erkki sai maisterin paperit. No sitten keksittiin keino. Liisa lähti mukaan Marja-Leena pyörän pakkarilla ja sovittiin, että kun tullaan leipomon kohdalle, Liisa lisää vauhtia ja ajaa ohi samalla, kun Ojaniemen Aino ja minä kurvaamme leipomon pihaan. Suunnitelma toteutettiin, ja Liisa kertoi jälkeenpäin, että kyllä häntä hävetti, kun Marja-Leena huomatessaan, että häntä oli vedetty nenästä, kiljui kuin tapettava sika koko loppumatkan. Uimanäytös taisi kuitenkin saada Marja-Leenan unohtamaan, että isommat olivat häntä raskaasti huijanneet.

Sitten tuli aika lähteä opiskelemaan Helsinkiin, Kauhajoen kunnalla oli stipendiasunto HYOASin opiskelija-asuntolassa Domus Academicassa eli Dommassa Hietaniemenkadulla. Liisa sai ansaitusti tämän stipendin ensimmäisenä opiskeluvuotenaan. Perheen nuorimmaisella eli Marja-Leenalle tuli kova hinku päästä käymään Helsingissä nyt, kun häntä yhdeksän vuotta vanhempi sisko asui siellä. Mutta miten noin kymmenvuotiaan voisi päästää yksin matkustamaan niin kauas? Kotiväki vei tytön ensin junaan Harjan seisakkeelle. Jussi-eno oli vastassa Seinäjoen asemalla ja vaihtoi hänet Helsingin junaan. Sitten Liisalle ilmoitettiin matkaajan istumapaikan numero ja Marja-Leenaa kiellettiin ankarasti poistumasta junasta Helsingin asemalla ennen kuin Liisa noutaa hänet vaunusta. Sattui vielä niin onnekkaasti, että seikkailijaa vastapäätä istui ystävällinen varusmies, joka odotti jännityksestä jäykkänä olevan lapsen kanssa, kunnes noutaja tuli. Sitten koitti vierailun kohokohta, kun Liisa huonekaverinsa kanssa vei Marja-Leenan Linnanmäelle. Jälkeenpäin Liisa kertoi, että sisko pyöri joka ikisessä vempeleessä ilman ongelmia, mutta oksensi paluumatkalla raitiovaunussa.

Aino Salmi, os. Seppi (s. 1940) on kirjeenvaihtaja/Kauppakorkeakoulu, sihteeri, Liisa Tellervon nuorempi sisar ja Teemu Paarlahden kummitäti.

Jälkikirjoitus (Teemu Paarlahti): Aika kuluu ja kuluttaa. Nyt, syksyllä 2024 kummitätini Aino (s. 1940) ja äitini Liisa (s. 1935) ovat ainoina jäljellä lapsuusperheestään. Erkki (1936–2021) ja Marja-Leena (1944–2021) ovat jo poissa, samoin luonnollisesti isä Eino (1911–1999) ja äiti Maija (1909–1967). Tätilän tädit ja Laturin mummu ovat olleet jo aikaa tummaisilla tuvilla. Ja Tipurti-hevonen.

Juhannuksen alla vietän aikaa työhuoneellani Tampereen Hatanpään sairaalalla ja valmistaudun pyhiin. Päätän soittaa Ainolle ja tavoitankin hänet matkalta kesäasunnolle Luumäelle. Puhelun aikana sovimme yllä olevan tekstin tekemisestä, mutta puhumme myös laveammin.

Liisa Tellervo oli niin kuin Aino kertoo, kotokulmansa ensimmäinen ylioppilas. Matka Harjasta maailmalle, maalaistalon tyttärestä maisteriksi oli 1950-luvulla pitempi kuin nykyhetkestä käsin ehkä tulee ajatelleeksi. Kysyn Ainolta, oliko korkeamman koulutuksen tavoitteleminen kuinka selvää heidän perheessään. "Isällä ja äidillä oli selvä näkemys siitä, että tyttäret koulutetaan ja poika jää isännäksi taloon", Aino kertoo. Näin tapahtui: Liisa Tellervo valmistui aikanaan filosofian maisteriksi ja kieltenopettajaksi, Marja-Leenasta tuli farmaseutti ja Aino itse putkahti valmiina Helsingin kauppakorkeakoulusta. Velimies Erkille jäi ilmeisesti ainoaksi oppiarvoksi Ainon kirjoituksessaan mainitsema uimamaisterin tutkinto. Mutta se ei tahtia haitannut. "Seppi on kansainvälinen mies", totesi eräs hevosmies minulle kerran Vilppulassa. "Sepiltä saa aina hyvää heinää, mutta käteisellä pitää maksaa." Elämä oli opettanut.

"Isä meni metsään", Aino toteaa opiskeluihin kotoa saadusta taloudellisesta tuesta.

Isä-Eino, minulle paappa, ei ollut itse kouluja käynyt, mutta paljon lukenut mies. "Kyllä minäkin lukisin kieliä, jos olisin nuorempi", Aino muistaa isänsä todenneen kuulustellessaan joskus englannin sanoja lukiolaistyttäreltään. Jostain kielellinen lahjakkuus ja kielten vetovoima Liisa Tellervoon tietysti tuli. Geeneillä epäilen olleen osuutta uravalintaan, sillä ihminen hakeutuu usein itselleen luontevien asioiden pariin. Eihän minustakaan ole matemaatikkoa tullut.

Jonkinlaiselle luokkaretkelle Pohjanmaalta siis lähdettiin. Liisa Tellervon se vei Helsinkiin, sieltä Janakkalan kautta Tampereelle. Ja varmasti jo kotoa oli mieleen asettunut koulutuksen arvostaminen. Kun itse aikanaan olin koulussa, oli aika selvää, että ylioppilastutkinnon jälkeen jatkaisin yliopistoon. Minä kävinkin sen sitten varmaksi vakuudeksi kahteen kertaan.

Jälkipolven kouluttautuminen ja suoritetut tutkinnot ovat selvästi olleet Liisa Tellervolle tärkeitä asioita.

TEEMU PAARLAHTI

LIISA TELLERVON
KYMMENEN KYMMENTÄ

"Perheellä ja jälkeeni jäävillä on pysyvä arvo. Työssä ja uralla saavutetun arvo on katoava."
Amos Pasternack *(Jälkiä ihmisessä: lääkärin muistoja elämästä ja työstä. SKS Kirjat 2024)*

Liisa Tellervo teki pitkän uran englanninopettajana. Turengin yhteiskoulussa 1961–1968, Tampereen tyttölyseossa, "Tipalassa" ja Hämeenpuiston koulussa 1968–1976, siitä eteenpäin Tampereen klassillisessa lukiossa vuonna 1998 tapahtuneeseen eläkkeelle jäämiseen asti. Edelleen kohtaan ihmisiä, jotka kertovat olleensa hänen työtovereitaan, oppilaitaan tai oppilaiden vanhempia. Julkisissa tehtävissä jätämme itsestämme pitkän varjon. Tässä kirjassa ei käsitellä juurikaan Liisa Tellervon työuraa. Keskeisenä syynä tähän on se, että hän on kirjan kirjoittajille ollut muuta kuin englannin opettaja.

Hieman pelkistäen voi sanoa, että hänen työuransa askareet olisi hyvin toimittanut joku muu niihin koulutuksen saanut. Lähipiirissään hänenä ei olisi voinut häärätä kukaan muu kuin hän itse. Siksi on niin kuin emeritusprofessori Amos Pasternack muistelmissaan kirjoittaa: perheellä ja jälkeen jäävillä on aivan toisella tavalla arvoa kuin työn meriiteillä.

En äkkiä muista omassa työssäni sairaalapastorina tavanneeni ihmistä, joka olisi elämän viimeisillä leveyspiireillä vetänyt rintaa rottingille siitä, mitä on työssään saavuttanut. Sitä tärkeämpiä ovat silloin kesämökin pelargoniat ja lapsenlapset.

Seuraavaan on poimittu yhtä ja toista niiltä kymmeneltä kymmeneltä, jotka Liisa Tellervo on täällä dallannut. Esitys on häpeämättömän subjektiivinen ja laatijansa näköinen: näin hän on sen hahmottanut näkemänsä, kokemansa ja kuulemansa mukaan.

1930-luku

Liisa Tellervo syntyi 16.1.1935 Eino ja Maija Sepin esikoisena Kauhajoen Harjankylällä. Minua huvitti lapsena joulukortteja kirjoittaessamme, kun paapan ja enon perheen postiosoite oli "Harja".

Liisa Tellervon muistikuvat tältä vuosikymmeneltä ovat luonnollisesti utuisia. Varhaisen muiston hän kertoo liittyvän siihen, kun he olivat vuotta nuoremman pikkuveli Erkin kanssa kotinsa nurkalla Kauhajoelta Kurikkaan vievän tien varressa ja laskivat tiellä kulkevia hevosia. Niitä koottiin talvisodan alla liikekannallepanon takia. Isä-Einon lähtemistä sotaan hän ei muista, toisin kuin jatkosotaan lähdön kesällä 1941.

Einolta on säästynyt kirje, jonka hän on lähettänyt rintamalta uudenvuodenpäivänä 1940. En tiedä, mitä kaikkea paappani rintamalla ajatteli. Kotona oli vajaa viisivuotias Liisa Tellervo, vuotta tätä nuorempi Erkki ja helmikuussa odotettiin syntyväksi tulevaa kummitätiäni Ainoa. Ehkä Eino ajatteli, että täältä on pakko päästä hengissä kotiin.

Liisa Tellervon ikäpolven lasten isät olivat oikeita sankareita. Eino oli kevättalvella 1940 tukkeena Äyräpäässä. Ampuivat maahan hyökänneitä venäläisiä sen mitä ammuksia oli ja tykit kestivät. Omilla lapsillani on onneksi ollut toisin: minun urotekoni liittyvät lähinnä

VR:n kanssa selviämiseen Haapamäen radan kiskobussiliikenteessä. Kerran jouduin laskeutumaan Laajasalon öljysatamassa tankkerista kaijalle köysitikkaita, siinä ne.

1940-luku

Seuraavaan vuosikymmeneen sota löi oman polttomerkkinsä. Isä-Eino savotoi pitkän kaavan mukaan, mutta palasi reissulta yhtenä kappaleena. *"Isä on Seinäjoella sotasairaalassa"*, Liisa Tellervo kirjoittaa noilta ajoilta säilyneessä kirjekatkelmassa, mutta ilmi ei käy, oliko kyseessä haavoittuminen vai sairastuminen. Kuulo paapaltani sai sodassa siipeensä, sillä hänen osanaan oli istua kahareisin tykin päällä tähtääjänä. Peltoreita ei ollut.

Keskellä sotaa vuonna 1942 alkoi Liisa Tellervon koulutie. Koulusta hän pääsi jäädessään viiden vuoden osa-aikaeläkeläisyyden jälkeen kokonaan pois työstä keväällä 1998. 1948 oli aika lähteä omalta kylältä kirkolle oppikouluun. Sinne ilmestyi seuraavana vuonna oppilas, jolla ei ollut edes kynää mukanaan. Opettaja sanoi Liisa Tellervon edessä olleeseen pulpettiin istunutta poikaa tarkoittaen, että *voisit vähän katsoa tuon Virtasen perään.* Liisa Tellervo oli kuuliainen ja niin hänestä vuonna 1958 tuli Paarlahti. Virtasen Jounin sukunimi oli vaihtunut vuonna 1957, mutta sälli pysynyt samana.

1950-luku

Liisa Tellervo kävi koulua Kauhajoella valkolakkiin asti ja lähti sitten Helsinkiin opiskelemaan. Sinne matkattiin Haapamäen rataa eli ennen minuakin sitä on meidän suvussamme kuljettu. Isä-Eino toivoi tyttärestä agronomia, mutta kieltenopettaja tästä tuli.

Vuoden 1956 yleislakon aikaan liittyy hauska muisto. Kauhajoelta oli valittu eduskuntaan vuoden 1954 vaaleissa maalaisliittolainen Toivo Saloranta. Naapuripitäjästä Kurikasta eduskunnassa oli istunut jo edellisistä vaaleista Toivo Antila, samoin maalaisliiton väkeä ja yksi Urho Kekkosen valitsijamiehistä vuoden 1956 presidentinvaaleissa. Yleislakon myötä polttoainejakelu oli pysähdyksissä, mutta kansanedustajilla oli mahdollisuus saada bensiiniä. Antilalla oli auto ja sillä Pohjanmaan miehet lähtivät käymään kotipuolessa. Salorannan olemisesta Kauhajoella kuultiin

Kangasmaassa ja Liisa Tellervon kotiväki otti omaan kansanedustajaan yhteyttä ja tiedusteli, voisiko hän viedä tyttärelle Helsinkiin rahaa ja ruokaa. Se sopi Salorannalle ja niin äiti-Maija pani ruokaa pakettiin ja rahaa joukkoon. Kansanedustajien kyydillä lähetys sitten kulki Helsinkiin – ja eduskuntataloon.

Pian Liisa Tellervo saikin Domus Academicaan puhelun eduskunnan kansliassa. Soittaja ilmoitti, että hänelle olisi noudettava paketti siellä. Niin kodin apu tuli perille.

"Ei minun elämässäni ole tapahtunut mitään ihmeellistä:" Näinhän Liisa Tellervo minulle aikanaan sanoi, kun ehdotin muistelmien kirjoittamista. Ei ehkä, mutta hän kuuluu siihen taatusti pieneen joukkoon kansalaisia, jotka ovat hakeneet eduskuntatalosta rahaa ja ruokaa.

Ja lisää vinkeää menoa seurasi. Liisa Tellervon kanssa samassa talossa asui savolainen nuorimies Pertti Pasanen. Läheisempää tuttavuutta hänellä ja Liisa Tellervolla ei ollut, mutta jälkimmäisen kämppäkaveri kaiketi heilasteli jonkin asteisesti Pasasen kanssa. Sattui sitten niin, että tämä sai kotoaan laatikollisen omenoita ja kutsui saman talon tytöt maistelemaan niitä. Kysymys oli siitä, että Liisa

Tellervo tarvittiin tuolloin vielä jollain tavalla voimassa olleen etiketin mukaisesti esiliinaksi. Yhtä kaikki: Speden tarjoamia omenoita hän tuli syöneeksi.

Kesän 1957 Liisa Tellervo oli Englannissa opintoihin kuuluvassa harjoittelussa. Matka sinne tapahtui sirpin ja moukarin alla seilanneella laivalla, joka oli menomatkalla vielä nimetty neuvostopoliitikko Vjatšeslav Molotovin mukaan. Pallit heiluivat noihin aikoihin Neuvostoliitossa kuitenkin siihen tahtiin, että ahkio oli paluumatkan koittaessa vaihtanut nimeä. Ehkä Liisa Tellervokaan ei ollut tullessaan aivan sama kuin lähtiessä, emmehän me matkoiltamme koskaan aivan entisellämme palaa.

Liisa Tellervon opiskeluajan loppupuolelle sijoittuu hänen kohtaamisensa toisen suomalaisen viihteen tulevan keskeisihmisen kanssa. Liisa Tellervo oli auskultoimassa Pohjois-Haagan yhteiskoulussa ja siellä syntyi joukolle vanhempia tarve ja ajatus pestata hänet kesäopettaja pojille, jotka olivat saaneet ruotsin kielestä ehdot. Poikien joukossa oli Vesa-Matti Loiri. Tiedossani ei ole, miten ehtojen kanssa kävi, mutta ainakin yritettiin. Liisa Tellervo ja Vesku sattuivat seuraavan kerran kohdakkain jokunen vuosikymmen myöhemmin Ruovedellä, kun

Vesku seurueineen pysäytti autonsa kysyäkseen tietä määränpäähänsä tien vartta kävelleeltä Liisa Tellervolta. "Mitähän Vesku olisi tuuminut, jos olisin kysynyt, että muistatko, kun *yritin* opettaa sinulle ruotsia", Liisa Tellervo kertoili tapaamisesta. Tiedustelin, miksei hän ollut kysynyt – luultavasti tällainen nuoruusmuisto olisi ollut määränsä selkään taputtelua osakseen saaneelle julkkikselle mieluinen. Tapaus kuvastaa Liisa Tellervon luonnetta: kovin helposti ei itsestään tai tekemisistään tehdä numeroa, millään tavalla.

Vuosikymmenen lopulla tapahtui Liisa Tellervon siihen astisen elämän merkittävimpiin asioihin kuuluva asia: sisareni Jaana Maaret syntyi huhtikuussa 1959.

1960-luku

Uusi vuosikymmen vei opettajaperheen Janakkalan Turenkiin. Tästä ajanjaksosta en itse muista vielä juuri mitään, enkä varsinkaan Turenkiin muuttamisesta, koska en ollut olemassa. Jotain muistelen tämän kirjan luvussa "Kohtalona Korkinmäki".

Vuosikymmenen kulkuun kuuluivat sekä kesämökin hankkiminen Ruovedeltä - monessa muisteltu Lauttaranta nousi Temisevänmäkeen 1965 - että se, että samana vuonna vanhempani lähtivät stipendiaateiksi Yhdysvaltoihin ja palasivat sieltä seuraavan vuoden puolella. Jotain Liisa Tellervo on tuosta ajasta muistellut, mutta ei hirvittävän paljoa. New Yorkissa taisivat noihin aikoihin mennä sähköt poikki yhtä pitkäksi ajaksi kuin Vilppulan luoteiskulmalla Jari-myrskyn jäljiltä marraskuussa 2024.

Kesällä 1984 tapasin Kalifornian El Cerritossa miehen, jonka kodissa äitini ja toinen suomalaisstipendiaatti olivat olleet majoitettuina Kaliforniassa käydessään. Kävin lounaalla samassa talossa, jonka tuolloin jo leskeksi jäänyt isäntä oli eläkkeellä ison öljy-yhtiön johtotehtävissä. Hän oli kuullut minun olevan sukuloimassa lähistöllä asuneen isänpuolen kolmannen serkkuni Helen Atwellin luona ja halusi ehdottomasti tavata minut. Olin Liisa Tellervon pitkässä varjossa. En muista vanhempien poissaolosta sen kummempaa, jotain sanailen tämän kirjan luvussa ”Mummu ampullissa”.

Ja kai minun syntymäni lokakuussa 1963 oli myös Liisa Tellervolle yksi tuon vuosikymmenen merkittävä asia.

1970-luku

1970-luvun alussa elämä vakiintui Tampereen Korkinmäkeen ja siellä Liisa Tellervo asuu vielä tätä syksyllä 2024 kirjoittaessani. Viikonloput ja kesät kuluivat Lauttarannassa, illat kokeita korjatessa. Kesällä 1972 perheeseemme liittyi koira, Länsi-Göötanmaan pystykorva Masa. Se asetteli monin tavoin rytmiä elämäämme niin kuin koirilla on tapana.

Keväällä 1978 Korkinmäessä juhlittiin. Jaana Maaret pääsi ylioppilaaksi ja muutti välivuoden jälkeen Helsinkiin, Virtasen Jounin jalanjäljissä maantieteen ja biologian perässä. Kotiluola alkoi tyhjentyä.

1980-luku

Neljä vuotta Jaanaa nuorempana kirjoitin ylioppilaaksi vuonna 1982. Samana syksynä aloitin opintoni Helsingin yliopiston teologisessa tiedekunnassa. Kotiluola tyhjeni lisää. Masa oli vielä vuoteen 1984.

Syksyllä 1981 Liisa Tellervon elämään oli tullut uusi muuttuja. Jonain edelliskymmenen kesänä olimme syntymäpäiväkahvittelemassa Ruoveden naapurimme

Kaisa Tolpan luona. Muistan, että Kaisa oli ilahtunut siitä, että myös minä, teini-ikäinen uros, olin mukana. "Kyllä joku Tampereen likka sen kohta vie", hän naurahti. Tuo "Tampereen likka" tuli sitten syksyllä 1981, kun Sanna-Leena saapui näyttäytymään Korkinmäessä. Ja kyllä hän minut lopulta erinäisten vaiheiden jälkeen vei.

Kymmenen jälkipuolisko olikin häitten aikaa. Minun ja Sanna-Leenan astumista keskinäiseen elatusvelvollisuuteen todistettiin lokakuussa 1987 Messukylän kirkossa, Jaanan ja hänen miehensä Jukka Mikkosen vihkiäisiä Lauttarannan kallion päällä heinäkuussa 1988. Häitten välillä ehdittiin juhlistaa myös minun pappisvihkimystäni. Se tapahtui lokakuun 1987 lopulla Turun tuomiokirkossa. Liisa Tellervo ja Virtasen Jouni olivat mukana juhlavastaanotolla arkkipiispan talossa. Myös Eino-paappa saatiin, mukaan, vaikka hän meinasi jännittämisen takia perua tulonsa. "No jos sinä sodassa selvisit, niin kai pärjäät arkkipiispan luonakin", Virtasen Jouni sanoi hänelle ja niin paappa tuli. Ja kyllähän me pärjäsimme.

Aika ennen seuraavaa kymmenenvaihdosta oli monenkirjava. Liisa Tellervon ja Virtasen Jounin avioliitto kariutui. En tiedä, eikä minun kuulukaan tietää siitä kovin paljoa, mutta mukavaa se ei ollut oikein kenellekään. Ei elämä aina ole.

1990-luku

Vuoden 1990 alkupuolella tapahtui mukavaa: Liisa Tellervon ensimmäinen lapsenlapsi Pilvi Laura Larissa syntyi huhtikuussa Turun yliopistosairaalassa. Liisa Tellervo ja Virtasen Jouni tulivat sinne tapaamaan vastasyntynyttä. Turun sisääntulotiellä Virtasen Jouni sai ylinopeussakon, mistä Liisa Tellervo tuli häntä sittemmin muutaman kerran muistuttaneeksi. Alkoi mummuuden aika ja elämään tuli sen myötä uutta sisältöä.

Lapsenlapsia ilmestyi vielä kolme lisää: Perttu Sakari syyskuussa 1992, Pinja Patricia äitienpäivänä 1994 ja Hilla Maaria saman vuoden elokuussa. Kaikkien ristiäisiä vietettiin ilolla, Hillan kastejuhla pidettiin Liisa Tellervon luona Korkinmäessä. Lapsenlapset kertovat mummuunsa liittyvistä muistoistaan tuonnempana tässä kirjassa, luvussa "Mummun pienet".

Vuosikymmenen mittaan alkoi myös Liisa Tellervon irrottautuminen työelämästä. Lama-aikana Tampereen kaupunki kannusti varttuneita opettajia jäämään osa-aikaeläkkeelle. Syynä oli tietysti se, että näillä oli palkassaan jo kaikki seniliteettilisät, joten nuori tuntiopettaja teki työt halvemmalla. "Kyllä se tuntuu niin oudolta, että eläkkeelle", muistan Liisa Tellervon aprikoineen. Työkaverin laskettua hänelle ratkaisun taloudelliset vaikutukset Liisa Tellervo kuitenkin teki päätöksen jäädä osa-aikaeläkkeelle 1993. Tuolloin elettiin jo kurssimuotoisen lukion aikaa, joten osa-aikaisuus järjestyi niin, että syksyn ensimmäinen ja kevään viimeinen jakso oli vapaata, talvisydän painettiin täyttä päivää. Liisa Tellervo oli tekemäänsä ratkaisuun ilmeisen tyytyväinen. Viisi vuotta myöhemmin työura jäi kokonaan taakse ja tuli aika opetella siihen, että ei ole pakko elää maanantaista perjantaihin -rytmillä. Lauttarannassa saattoi olla arkena silloin, kun ei ollut mitään tähdellistä kaupungissa. Merkittävinä säilyivät kuitenkin edelleen yhteydet vanhoihin työkavereihin, niin Tipalan aikaisiin kollegoihin kuin klasulaisiinkin.

Tuota "tähdellistä kaupungissa" ilmaantui vielä ennen vuosituhannen vaihdetta, kun Viinikan seurakunta perusti lähetystyön tukemiseksi Veisun pajan. Tästä on tarkemmin luvussa "Pajalla".

2000-luku

Uusi vuosituhat toi jatkoa mummuna elämiseen. Olen joskus ajatellut, että Liisa Tellervo hoiti tietyllä tavalla isovanhemmuutta kahden edestä. Virtasen Jouni vaihtoi vanhempieni eron myötä jotensakin täysin toiseen elämään. Hänestä ei oikeastaan koskaan tullut omille lapsilleni vaaria. Hänen kuollessaan huomasin surevani menettämäni lisäksi sitä, mikä ei koskaan toteutunut. Mutta Liisa Tellervo oli isoäiti, Mummu isolla alkukirjaimella. Tuttu ja turvallinen osa lastenlastensa elämää.

Kevät 2004 toi Liisa Tellervoon sen muutoksen, että minä aloitin työni Tampereen seurakuntien sairaalapappina. Tämä tarkoitti sitä, että olin välillä viikkokunnissa Korkinmäessä, samoin viikonloppuja silloin tällöin. Jotain iloa asiasta saattoi Liisa Tellervolle olla, vaikka minusta ei aina ollut kovin paljoa seuraa.

Tammikuussa 2005 vietettiin Liisa Tellervon 70-vuotisjuhlia. Minut pestattiin ovimieheksi niin kuin hänen

60-vuotispäivilläkin oli tehty. "Jengi nousee mäkeä huomattavasti hitaammin kuin kymmenen vuotta sitten", totesin katsellessani vieraiden saapumista ylös Härkälänmäenkatua. Oli tullut erilainen aika: vieraista suurin osa oli itse eläkeläisiä, ei ollut työporukan tai työnantajan edustajien vierailua. Tuon virstanpylvään jälkeen olemme viettäneet syntymäpäiviä lähinnä omalla porukalla.

Syksy 2009 toi Tampereelle Pilvin, saman kevään ylioppilaan. Elämä oli kulkenut niin, että vanhin lapsenlapsista oli aloittamassa yliopisto-opintoja. Ketju jatkui.

2010-luku

Kuviin Liisa Tellervon kirjahyllyssä ilmestyi lisää valkoisia lakkeja, kun Perttu kirjoitti ylioppilaaksi 2011 ja sekä Pinja että Hilla kaksi vuotta myöhemmin. Elokuussa 2013 oli niin ikään juhlan aika, kun Pilvi ja Antti Laurikka avioituvat.

Pilvi oli valmistunut lääketieteen lisensiaatiksi ja vannonut lääkärinvalan keväällä 2015, kaksi ja puoli vuotta myöhemmin olimme lähiporukalla paikalla

Tampereen yliopiston Arvo-rakennuksessa, kun hän väitteli tohtoriksi keliakiaan liittyvällä tutkimuksella.

Perttu sai diplomi-insinöörin paperit syyskuussa 2018, Liisa Tellervo oli mukana Tampereen teknillisellä yliopistolla. Vielä saman vuoden uudenvuodenaattona alkoi Liisa Tellervon isomummuus uuden polven ensimmäisen ihmisen kontatessa keskuuteemme Seinäjoen keskussairaalassa.

Seuraavana keväänä juhlittiin taas: Hilla avioitui Tommi Vallinin kanssa. Siinä se vuosikymmen hurahtikin.

2020-luku

Liisa Tellervon kymmenes kymmen käynnistyi viheliäisesti. Maaliskuussa 2020 oli tarkoitus juoda hänen 85-vuotiskahvinsa, mutta juomattahan ne jäivät: alkoi korona-aika. Jälkeen päin ajateltuna ikääntynyttä väestöä kohdeltiin sen aikana kohtuuttomasti. Sosiaaliset suhteet kävivät liki olemattomiksi, läheisiä ei ollut mahdollisuus tavata. Asuessani aika ajoin Korkinmäessä käytin takasisäänkäyntiä ja tupa, jossa majailin, oli varustettu vedenkeittimellä ja kertakäyttöastioilla. Jääkaapin virkaa teki styroksilaukku verannalla. Suihku oli onneksi saunan yhteydessä käytettävissä. Kommunikoimme Liisa Tellervon kanssa välttämättömiä suljetun välioven läpi. Perttu hoiteli välillä mummunsa asioita ja toi tavaroita kodin portaille, josta Liisa Tellervo noukki ne ilman, että piti sortua "laittomaan" kohtaamiseen.

Korona koetteli myös Pinjan ja hänen miehensä Lauri Väisäsen häitä alkuvuodesta 2022. Niitä oli tarkoitus juhlia suurella joukolla, mutta säädökset tiukkenivat uudelleen hetkeksi jo väljennyttyään ja vieraslistaa piti karsia. Liisa Tellervo oli tietysti mukana itseoikeutettuna.

Liisa Tellervo vietti pitkään jouluja lastensa perheissä, sitten itsensä pakkaaminen matkaan alkoi tuntua raskaalta. Meidän luonamme Mäntässä hän oli viimeisen kerran joulua vuonna 2018. Olin häntä vastassa pikavuorolta. Ihmettelin kun häntä ei alkanut kuulua autosta ja menin sisälle katsomaan. Syy selvisi: turvavyö oli jumissa ja Liisa Tellervo tukevasti penkissä. Mutta kyllä joulupöytään sinäkin vuonna päästiin.

Uusi vuosikymmen toi joulun viettoon uutta perinnettä: jo muutaman kerran jouluaattona on kokoonnuttu Pilvin kotiin Tampereen Rissoon, minä, Sanna-Leena, Perttu, tietysti isäntäväki itse ja Liisa Tellervo. Muitakin lähipiiriläisiä on ollut mukana.

Vuonna 2024 iloittiin Hillan valmistumisesta varhaiskasvatuksen opettajaksi ja Pinjan floristiksi. Ja mitä enemmän mietin, sitä todemmilta tuntuvat alussa siteeraamani Amos Pasternackin sanat. Lauttarannassa on ollut pelargonioitakin.

Liisa Tellervolla on lähipiirinsä etu, jonka arvo korostuu nykyisessä ajassa. Siihen kuuluu tietokone-ekspertti, joka neuvoo tarvittaessa tietotekniikassa, ja kaksi terveydenhuollon ammattilaista, joista on tarvittaessa puhumaan Liisa Tellervon puolesta terveydenhoidon kysymyksissä. Heissä on tukea ja turvaa, jollaista jokainen meistä ikääntyessään tarvitsee.

Näin on kuljettu liki yhdeksänkymmentä vuotta. Tietokonetta naputtelemalla se on mennyt nopeasti. Mutta sama taitaa olla kokemus elämästä oikeastikin: nopeasti se on mennyt ja menee. Ja käy hyvinkin niin kuin eräs yli 90-vuotias ihminen minulle kerran sanoi: "Olen pitkään miettinyt, mistä tässä elämässä oikein on kysymys. Nyt luulen, että alan jotakin siitä oivaltaa ja samalla huomaan, että tämä on aika lailla ehtoopuolessa."

TEEMU PAARLAHTI

ISOMUMMU MATKAAN JO KÄY

Helmikuussa 2019 "geriatrinen retkikunta" nousee junaan Tampereen asemalla. Suuntana on Seinäjoki. Joukkoa johtaa Perttu diplomi-insinöörin tarkkuudella. Häntä seuraa ryhmä, jonka muodostavat Liisa Tellervo, Virtasen Jouni ja tämän vaimo Elina Laaksi. Matkan tarkoituksena on osallistuminen Paarlahden suvun nuorimmaisen, vuoden 2018 viimeisellä tunnilla syntyneen miehenalun kastejuhlaan. On nähty tärkeäksi, että myös varttunut polvi pääsee paikalle ja talvikelillä liikkeelle on lähdetty henkilöauton sijasta junalla – ajokorttihan seurueessa on kaikilla Virtasen Jounia lukuun ottamatta ja autojakin ajoon olisi tarjolla.

Kastetilaisuus on sovittu pidettäväksi Törnävän kirkossa. Olen sairauslomalla syyskuussa 2018 tapahtuneen aivoverenvuodon peruja. Olin ensimmäiset kolme kuukautta lääkärintodistuksen mukaan kyvytön *kaikkeen* työhön, nyt neurologi on lieventänyt impotenssini koskemaan vain *omaa tai siihen läheisesti rinnastettavaa* työtä. Oman lapsenlapsen kastamista ei voi kuitenkaan rinnastaa mihinkään *työhön*, joten olen tänään virkavaatteissa. Oikeasti olen toki jo kaikella kohtuudella tolkuissani. Autoakin saisin ajaa, vaikken tällä reissulla ajakaan.

Odottelemme Liisa Tellervoa ja kumppaneita Seinäjoen matkakeskuksella. Etelästä tuleva juna on ajassaan, pohjoisesta lähestyvä Intercity sen sijaan myöhässä. *"Viivästymisen syynä on eläimen alle jääminen"*, Valtionrautateiden kuulutus kertoo. Totean mielessäni, että Pohjanmaalla kaikki on ilmeisesti vähän isompaa ja komeampaa kuin meillä kotipuolessa.

Törnävän kirkossa on juhla. Veisaamme virret ja rukoilemme. Uusin tulokas liitetään pyhässä kasteessa Kristuksen kirkkoon niin kuin meidän sukumme lapset on satoja vuosia liitetty, tuota ketjua ei ole haluttu katkaista nytkään. Myös valokuvia otetaan, pönötämme niissä perinteisesti kastemaljan ympärillä. Vanhemmat, isovanhemmat – ja isoisovanhemmat. Juhlakalu itse ei pönötä.

Liisa Tellervosta tuli isomummu uudenvuodenaattona 2018. En pääse porautumaan hänen päänsä sisälle ja olen siitä luonnollisesti hyvilläni, mutta uskon jonkin ilon ja ylpeyden sekaisen läikkyneen hänen ajatuksissaan tuolloin. Uusi polvi oli tullut. Oman ikäpolveni lapsuudessa isomummuja ja -vaareja ei ollut juuri kellään. Aatos Ilmarin äidin eli vanhemman tyttäreni kastejuhlassa kesäkuussa 1990 oli jo isomummu Mailis Sulin mukana. Yksi aikojen kuva tämäkin. Ihmiset elävät vanhemmiksi kuin joitakin vuosikymmeniä aikaisemmin. Lääketieteen tai itsestään huolen pitämisen konsteilla elämää voidaan pidentää, mutta ei koskaan pelastaa. Elämän pelastaminen puolestaan liittyy siihen, millä asialla olimme Törnävän kirkossa helmikuussa 2019.

Myös Virtasen Jounista tuli isovaari tämän kerran. Kun toisen lapsenlapsen ristiäisiä vietettiin kesällä 2021 Tampereella Pyynikin pappilassa, hän oli jo paremmissa pidoissa.

Mutta ketju jatkui.

Ketjun jatkuessa on aika katsoa vielä vähän taakse, sivulle ja ympärille. Käydä Kauhajoella ja Ylistarossa. Kurkistaa Liisa Tellervon selän taakse.

TEEMU PAARLAHTI

MUMMU AMPULLISSA

Rintamäen flikkaa kyselemässä

Joulu Pohjanmaalla

Hohtavan valkoinen vuoden 1965 joulu kaartaa lakeudelle perinteisin menoin. Kangasmaassa eletään kolmessa polvessa maalaistalon tavoin. Aamulla noustaan kilvan kukon kanssa navettaan, illalla pannaan ajoissa maata. Jossain välissä tehdään juhlaa, vähemmällä stressillä ja säheltämisellä kuin nykyään. Vilinää talolla toki riittää: sitä asuu kuuttakymmentä käyvän isäntäparin lisäksi heidän poikansa vaimoineen ja kaksine muutaman vuoden ikäisine tyttärineen. Kissojakin kulkee nurkissa. Ja jossain tämän seassa sukkuloimme me, kuusivuotias sisareni ja minä, kaksikesäinen. Liisa Tellervo ja Virtasen Jouni puuttuvat. Vanhempamme ovat karanneet Amerikkaan.

Joulu Pohjanmaan mummulassa jää päässäni muistinrajan taakse niin kuin koko isovanhempien huomassa vietetty aika ja talvi 1965–1966. Ehkä niin on hyvä, sillä en tätä kirjoittaessani pysty palauttamaan mieleeni äidin tai isän ikävää, en lähtöitkun kalvavuutta. Myöhemmin lapsena olin vähän ylpeä siitä, että vanhempani olivat käyneet Suuressa lännessä – sehän oli tuohon aikaan harvinaista. Isosiskoni ymmärsi ehkä jo kaivata, ja hän olikin perimätiedon mukaan vannonut joulunpyhinä, että ei koskaan mene Amerikkaan. Kukapa maahan, joka nielee isän ja äidin kuukausimääriksi.

Ehkä sattumaa, mutta muuten aika paljon matkustellut sisareni ei ole koskaan käynyt Yhdysvalloissa. Minä siellä joskus pyörähdin.

Mahdolliset muistot ja toisten myöhemmin kertoma sekoittuvat päässäni erottelemattomaksi klimpiksi. Olen nähnyt muutaman talvisen kuvan Kangasmaan mailta. Esiinnyn niissä alle hangenkorkuisena. Konkreettinen jouluun 1965 liittyvä muisto on nalle, jonka äitini lähetti minulle lahjaksi sieltä jostain. Se istuskelee parhaillaankin makuuhuoneeni kaapin päällä. Omat lapseni ristivät sen aikoinaan Eläkeläiseksi.

Maisterit matkustavat

Jossain kohdin vuotta 1965 maisterit matkustivat. Oppikoulunopettajina toimineiden vanhempieni päähän oli änkeytynyt ajatus lähteä Yhdysvaltoihin ASLA-stipendiaateiksi. Sen on täytynyt olla isäni idea. Äitini idea se ei ole voinut olla. Koti Janakkalassa paketoitiin – sitäkään en luonnollisesti itse muista. Ja kun perheeseen kuului kaksi alle kouluikäistä lasta, piti heidätkin tietysti tallettaa jonnekin. Sitä varten oli ylenevää polvea.

Äitini vanhemmat pitivät vielä täyttä päätä taloa Kauhajoella, isän vanhemmat taas olivat jo vapautuneet kansakoulunopettajan viroistaan ja asettuneet eläkepäiville vaarin lapsuusmäkeen Ruovedelle. Alun perin oli tarkoitus, että vastuu minun ja sisareni perään katsomisesta jaettaisiin puoliksi eli olisimme aluksi Pohjanmaalla ja tulisimme sitten loppuajaksi Ruoveden mummulaan. Kävi toisin.

Syy tähän toisin käymiseen silittää minua myötäkarvaan. Äidinäitini kuulemma tykkäsi minusta niin paljon, ettei malttanut päästää minua toisten isovanhempien hoteisiin. Tämä vasta paljon myöhemmin minut saavuttanut sana tuo lisänsä joulun 1965 tunnelmaan: olin varmasti mummuni rakastama. Nyt, kun elämä on vuosien mittaan ehtinyt mulkoilla minua myös näkemättömällä silmällään, huomaan joskus hoivaavani itseäni tällä ajatuksella. On minusta pidetty! Tämä lisä nostaa esiin kysymyksen, joka selvästi samoilee jossain pohjallani. Missä mummu on?

Pohjanmaan isoäitini ei toki kadonnut salaperäisesti minnekään. Hän kuoli. Mummun elämä katkesi tammikuussa 1967. Tämä sinetöi sen, että omakohtaiset muistikuvani hänestä jäivät olemattomiksi. Lapsuuteni Ruovedellä oli sekä mummu että vaari. Kauhajoella oli paappa, mutta mummu puuttui. Niin sen kuului minun maailmassani olla. Sieltä täältä jotakin mummusta löydän. Valokuvista, seinistä ja lääkeampulleista. Äidistäni.

Seinää vasten

Olen jossain vaiheessa saanut äidiltäni kopion mummun ja paapan hääkuvasta. Nuori pari on soikeassa potretissa seinää vasten. Isovanhempieni nuoruusajan Pohjanmaalla rahvas ei käynyt valokuvaamossa, vaan otos on näpsäisty – niin, jossakin pihamaalla, jokin pystylaudoitettu seinä selän takana. Tieto siirtyy suvussa sattumanvaraisesti, joten minulla ei ole aavistustakaan, missä isovanhempani on vihitty. Kauhajoella he koko avioliittonsa asuivat, mutta mummu oli kotoisin Ylistarosta, umpikörttiläisestä Untamalan kylästä. Jommalta kummalta paikkakunnalta kuvankin täytyy olla. Siinä he joka tapauksessa ovat: minulle tuttu ja tärkeä paappa ja lähes tuntemattomaksi jäänyt mummu.

Joka kerta katsoessani tuota kuvaa ärryn. Näen nuorenparin, jolla on edessään elämä, johon he toivovat lapsia, suotuisia heinäntekoilmoja ja muutenkin tasaista elämää. Silloin tällöin maamiesseuran iltamia. Ja samaan aikaan jossakin tämän 1930-luvun alkupuolen kuvan varjoissa virnistelevät jo maanosan mahtimiehet valmiina puuttumaan parin elämään kovin kourin ja hämmentämään heidän tarinansa osaksi poliittisia valtapelejä ja kirjoihin päätyvää historiaa. Paappa rymysi vuosia sodissa, mummu piti sen aikaa osaltaan kotirintamaa pystyssä. Heillä olisi ollut parempaakin tekemistä. En jaksa ymmärtää näitä hitlereitä, stalineita ja muita maailmanluokan riesoja, jotka kuvittelevat omistavansa tätä palloa jotenkin enemmän kuin tavalliset ihmiset. Nämä kansainviholliset jaksavat kyllä väsymättä järjestää isovanhempieni kaltaisille einoille ja maijoille hankalaa karkeloa. Siitä kirjoitettua historiaa minäkin kahlasin yliopistossa vuosikaudet.

Kuva on ollut minulle sen verran merkityksellinen, että tein siitä takavuosina radiojutun ja runon – tienasin tuntemattomalla mummullani kasan käteistä.

Kirjahyllyn ihminen

Yhden mummunkuvan löydän äitini kirjahyllystä. Siinä minua katsoo nuori nainen, tosissaan niin kuin ennen vanhaan valokuvissa oltiin. En tavoita mummusta ja äidistä hätkähdyttävyyteen asti samaa näköä, mutta Liisa Tellervo onkin "Alma-vainaan näköönen", niin kuin kummitäti Hulda oli joskus jahkunut. Alma on paappani nuorena kuollut emo.

Kovin paljoa mummu ei kuvasta minulle puhu, mutta omaa oloani hänestä tavoitan. Enkä minäkään tapaa hymyillä kuvissa.

60-luvun kaita filmi

Ja onhan minulla vielä kasetillinen videonauhalle siirrettyä kaitafilmiä 60-luvulta. Sekin pitäisi kiireesti digitoida ennen kuin naru happanee. Kuvat ovat

Ruovedeltä. Heilun mukana siilitukkaisena ja perusteellisesti ruskettuneena kölvipoikana. Käyn pönöttämässä perheemme Morris Minin ratin takana ja juutun sisälle koslaan, kun ovi ei jostain syystä aukeakaan. Ryömin keskeneräisen saunan lattian alta katsomaan rakennustöissä ahertavaa isääni – ja joudun peruuttamaan takaisin, kun lattia onkin saatu valmiiksi. Sitten tulevat mummu ja paappa.

Filmille on tallentunut otos, jossa kaikki isovanhempani seisovat rivissä. Ruoveden mummu ja vaari asuivat meiltä kolmensadan metrin päässä, joten totta kai Pohjanmaan sukulaisten vieraillessa kyläiltiin. Vaari ja paappa tunsivat toisensa jo sodasta. Mutta niin aika kuluu: vainajia ovat olleet jo pitkään kaikki kuvassa olevat. Mummut, vaari, paappa ja taustalla näkyvät naapurin lehmät. Suun liikettä lähemmäksi Maija-mummun ääntä en pääse. Mutta muuten hän on kuvassa koko komeudessaan. Muistan paappani joskus vitsailleen, että "sitä olen katunut, kun en aikoinaan isoompaa ottanut". Mummu tosiaan oli pieni.

Untamala

Keväällä 2010 saan sähköpostia. Äitini serkut Esko Valkeala ja Juhani Niemistö ovat päättäneet toteuttaa pitkään suunnitellun serkusten ja heidän väkiensä tapaamisen. Olen luonteeltani sen sorttinen, että en viihdy ihmismassoissa, mutta nyt päätämme vaimoni kanssa osallistua. En nimittäin ole koskaan kunnolla käynyt äidinpuolen suvun syntysijoilla Ylistarossa.

Elokuiseen lauantaihin ilmoittautuu 54 ihmistä. Kun silmäilen joukkoa ruokapaikkamme Kriikun myllyn pihalla, lauma näyttää vierasperäiseltä. Enon ja tädin väet tunnen, muutamnan muun myös. Mutta sukua tai sukuun naituja ovat oudotkin.

Syömme, tutustumme Ylistaron papin Jukka Tuppuraisen opastuksella Komiaan kirkkoon ja käymme hautausmaalla. Kuulen suvustani kaikenlaista, juuret luikertavat Ruotsiin ja nykyisen Belgian alueelle. Sitten lähdemme Untamalaan. Sinne, mistä Rintamäen flikka oli syntyisin.

Mummuni kotimökki on edelleen paikallaan ja suvun omistuksessa. Vaatimaton talo, jossa elämä on ollut niukkaa, varsinkin kun mökin yhteyteen ei ole kuulunut peltoja. Raha on otettu sieltä, mistä se on saatu. Tämän mökin pihapiirissä on puuhaillut isovaarini Kustaa Rintamäki – tai alun perin hän oli umpiruotsinkielinen Carl Gustaf Färman. Täältä mummuni aikoinaan lähti ja päätyi – serkkuni Sari Seppi-Laitisen ilmaisua lainatakseni "maatalouden laadunvalvontatehtäviin" Kauhajoelle. Paappani päätti sitten naida tämän tarkastuskarjakon ja näin pohjustaa minuun johtavan sukuhaaran.

Untamala oli mummuni nuoruudessa vahvasti körttikylä ja taitaa olla vieläkin. Herännäisseuroja pidetään yhä. Paikka on elellyt omassa rauhassaan hieman erillään naapurikylistä. Oma koulukin siellä ehti olla reilut sata vuotta, hiljattain se tietenkin lakkautettiin. Naapurin isäntä on perehtynyt kylän vaiheisiin ja tulee nyt tapaamaan meitä ja kertoilee historiasta. Poliiseja kylältä on kuulemma tullut paljon.

Muistelukset herännäisyyden säätelemästä elämästä vähän hymyilyttävät kuulijoita. Pyhäpäivänä ei saanut tehdä oikein mitään eikä mennä juuri minnekään. Kortinpeluu oli syntiä ja gramofonia piti soittaa salaa metsässä. Haitaria vierottiin. Tällaisille asioille on nykyään helppo hymähtää, mutta minua kutkuttaa tässä kohdin miettiä, millainen elämä on hyvää. Entiseen aikaan ihmiset kuitenkin tiesivät, mikä on oikein. Ja kuinka moni "työelämässä oleva" nykyihminen haikailee päivää, jolloin saisi olla ihan rauhassa? Vanhan mökin pihamaalla, hiljaiseksi käyneen kylätien kupeessa tuntuu hetken, että maailma, joka on aina auki, ja jossa oikea ja väärä menevät jatkuvasti sekaisin, on kaukana.

Serkuksia kuvataan mökin seinustalla. Joku varoittaa käärmeistä, joita kuulemma luikertaa näillä main sakeana. Sitten kuuluu kutsu naapuriin. Sinne on järjestetty trahteerit pohjalaisella periaatteella, että "kyllä sitä nyt aina viidellekymmenelle hengelle kahvit keitetään".

Kahvipaikan pihamaalla tapaan mummuni.

Pistävä suku

Ennen nisuvadille käymistä täytyy nimittäin pistää. Ja siinä mummu on, ampullissa.

Sukuni vitsauksena on polvesta toiseen kulkeva diabetes, paikoin omanlajisensa. Jäljet johtavat tänne Untamalaan ja toki täältä taaksepäinkin. Mummuni vaiva asteli myös minun elämääni vähän alle parikymppisenä. Löydän mummustani vain sirpaleita sieltä täältä, valokuvista, katkonaisista muisteluksista ja sellaisesta. Mutta samaan aikaan hän on geneettisen perintönsä kautta lakkaamatta läsnä arkielämässäni. Ja kysymättä, välitänkö tällaisesta kaveeraamisesta...Mutta en minä mummua noidu, vaan siunaan. Jo sen takia, kun hän minusta niin tykkäsi.

Puhumme Jumalan kanssa

Istun alas. Mietin perheeni tarinaa ja tarinoiden puuttumista.

Nykyaika hukkaa ihmiset. Ympärilläni on juuri nyt sukua sakeana, mutta suurimman osan ajasta he ovat minulta kateissa. Vika on osin omani. Ja paitsi ihmiset, myös tarinat katoavat ja jäävät kertomatta. Kuinka paljon minäkin olisin voinut kysellä ja kuulla mummustani, ja voisin vieläkin? Mutta aika menee jonnekin. Usein on myös niin, että tavallisen ihmisen historia ei tunnu merkitykselliseltä hänestä, joka sitä voisi kertoa. Oma ja lähipiirin elämä ei vaikuta maata mullistavalta ja ei useimmiten sitä onneksi ole ollutkaan. Kuka tärkeä sukulainen jää omille lapsilleni tuntemattomaksi? Mitkä elämän käänteet ja ratkaisut jäävät vaille kaipaamaansa taustaa? Vuoden 1965 jälkeen olen ollut vain yhden joulun mummulassa. Sen sijaan monena jouluna, ensin Vilppulassa ja sitten Mäntässä, mummu on ollut meillä. Lasteni mummu, minun äitini Liisa Tellervo. Monia asioita on muisteltu, turhan moni tainnut jäädä muistelematta, vaikka aikaa on ollut.

Täällä herännäiskylällä, sormi kahvikupin korvassa, tuntuu yhtäkkiä luontevalta puhella Jumalan kanssa. Täällä hänen täytyy olla kuuloetäisyydellä. Niinpä me puhumme Jumalan kanssa naisista.

Jumalahan tietää naisista kaiken. Myös mummustani Mariasta.

Julkaistu alun perin *Vilppulan joulussa* 2010.

TEEMU PAARLAHTI

LIISA TELLERVO JA ELVIS AARON

Yö liikkuu liki vuosituhannen vaihdetta. Rahtilaiva puskeutuu Suomenlahtea länteen lastinaan ihmisille tarpeellista. Katselemme komentosillalta pimeään. Kello on ylittänyt keskiyön, ykkösperämies aloittanut neljään kestävän ajovuoronsa, vahtimies piipahtanut brygän siivelle tupakalle. Tutkan ruutu hehkuu vihreää. Kaikki on hyvin, mitään ei tunnu tapahtuvan. Radio tosin kertoo jonkin hinaajan olevan hädissään Englannin kanaalissa, mutta se on toisessa maailmassa. Jossain alapuolellamme kone käy.

Yö on sfäärinsä, ja meri. Ne onkivat yhdessä hetkessä esiin kaikenlaisia puheenaiheita, saavat seuraavassa vaikenemaan. Tänä yönä puhumme Elviksestä. Jossain kohdin keskustelukumppanini summaa: —Varmasti erikoista elää elämänsä Elviksenä.

Epäilemättä, myötäilen.

Liisa Tellervo on muistanut aika ajoin mainita, että hän on kahdeksan päivää nuorempi kuin Elvis. Toden totta,

Elvis Aaron Presley pullahti maailmaan 8.1.1935 Tupelossa, Yhdysvaltain Mississippissä. Liisa Tellervo ennätti mukaan meininkiin Kauhajoen Harjankylällä 16.1. samaa vuotta. He eivät tavanneet koskaan, luultavasti Liisa Tellervo on nähnyt jokusen Elviksen tähdittämän elokuvan ja kuullut hänen lauluaan radiosta. Tiedä sitten, onko digannut. Tosin Liisa Tellervolla oli lapsuudessani ja nuoruudessani radiosta aina valittuna yleisohjelma – paitsi silloin, kun siellä oli äänessä Esko Seppänen tai Hannu Taanila. Silloin ulbs! ja kanava vaihtui. Elvis ei esiintynyt yleisohjelmassa. Sittemmin Liisa Tellervon suosikkikanavan paikan on ottanut Radio Suomi.

Liisa Tellervo ja Elvis Aaron syntyivät samaan maailmaan, tai sitten eivät. Heidän elämänpiirinsä poikkesivat toisistaan niin kasvuympäristön, elämänuran kuin likipitäen kaiken mahdollisen osalta. Elviksen tietävät miljoonat, Liisa Tellervon pienempi, mutta välillä yllättävissä tilanteissa jostain kurkisteleva joukko ihmisiä.

On turhaa ja mahdotonta arvioida, kumman elämä on ollut parempi. Erilaiset ne ovat olleet. Elvis Aaron kuoli 16.8.1977 kotonaan Tennesseen Memphisissä. Kirjoittaessani tätä Liisa Tellervo edelleen on täällä,

Tampereen hyvässä etelässä. Mutta yhden nahan sisällä ovat joutuneet matkansa taittamaan kumpikin.

–Varmasti erikoista elää elämänsä Elviksenä, perämies summaa. –Epäilemättä, myötäilen, myös Liisa Tellervona.

Lisäpöytäkirja: Elvis Presleyn lisäksi toinen tunnettu Liisa Tellervon kanssa samaa vuosikertaa 1935 oleva ihminen on Auli Kyllikki Saari (6.12.1935–17.5.1953), jonka elämään ja ennen kaikkea kuolemaan liittyy yksi Suomen rikoshistorian suurista arvoituksista. Liisa Tellervo ja Auli Kyllikki ovat saattaneet tavata, sillä he ovat käyneet hetken aikaa samaa koulua Kauhajoella. Teemu Keskisarja toteaa kirjassaan *Kyllikki Saari: mysteerin ihmisten historia* (WSOY 2021), että aika harva tuntuu muistavan Auli Kyllikin tuolta ajalta. Liisa Tellervokaan ei häntä muista.

Kolmas mainittava vuodelta 1935 on Pablo Nerudan tunnettu proosaruno *Sobre una Poesia sin pureza*, jonka Pentti Saaritsa vuonna 1983 suomensi nimellä *Epäpuhtaasta runoudesta,* ja joka on mukana Saaritsan kuoleman jälkeen julkaistussa Neruda-suomennoksessa *Maan ja meren aallot* (Avaidor 2024). Liisa Tellervo on tuskin Nerudan proosarunoa lukenut, mutta muistaakseni meillä siivottiin perjantaisin.

Teemu Paarlahti

Kohtalona Korkinmäki

1960-luvun kauan soivasta rhythm and bluesista Härkälänmäenkadun varteen.

Kotikatu hymyilee
talojen keskitse ylämaihin
täällä asutaan irrallisina
jokainen kantaa vastuunsa
omasta nurmikostaan

sitten lapsuuteni
liikenneturvallisuus on parantunut
pesäpalloa ei pelata kadulla
maailma on muuttunut ruuduksi

vuodet vieneet väkeä
Kalevankankaalle, osakkeisiin sinne tänne
hajotetun naapurin tontille
rakennetaan uutta
1980-luvulla vastapäiseen taloon muuttanut nuori rouva
jäänyt perkele eläkkeelle.

Tästä on piirrettävissä nuoruuden topografia
mihin sillä voi suunistaa?

(Kokoelmasta *Sundaen jälkeen*, Mediapinta 2017)

TURENGISTA TAMPEREELLE: IRJALAN KAUTTA KORKINMÄKEEN

"Hämeenpuistossa tuoksui kesä. Tyttökoulun kohdalla haisi pesuaine. Suursiivous syksyä varten oli ilmeisesti aloitettu."

Ata Hautamäki (*Kohtalona Rauhaniemi: jännitysromaani. Myllylahti 2013*)

Liisa Tellervo ja Virtasen Jouni tekivät 1960-luvun taitteessa havainnon, että Helsingissä asumiseen kului rutosti rahaa, toisen palkka kokonaan. Sikisi ajatus lähteä pääkaupunkiseudulta. Janakkalan Turenkiin perustettiin noihin aikoihin yhteiskoulu ja virat tulivat hakuun. *Opettaja*-lehteä lukeneet vanhempani poimivat tiedon, katsoivat kartasta, missä sellainen Turenki oikein on ja päättivät hakea. Heidät valittiin. Liisa Tellervo on muistellut varhaista tapaamista rehtorin kanssa: tämä oli tarjonnut hänelle kyydin kotiinpäin ja kun Liisa Tellervo oli kertonut poikkeavansa kauppaan, jättänyt hänet myymälän kohdalla kyydistä. Seuraavana päivänä rehtori oli pahoitellut kovasti sitä, että hän oli jättänyt Liisa

Tellervon väärän eli kuluttajien osuusliikkeen kohdalle. 1960-luvulla oli tarkkaa.

Niin nuori perhe muutti. Minua ei vielä ollut, joten minusta ei koskaan tullut kirkonkirjoissa helsinkiläistä. Sisareni on syntyjään stadin friidu, mistä olen häntä joskus avoimesti pilkannut.

Synnyin sitten ruonakuisena tiistaina syksyllä 1963 ja niin ollen kannan Janakkalaa dokumenteissani lopun elämääni ja pysyy se niissä kuolemani jälkeenkin. Syksy kestovärjäsi sieluni sateenharmaaksi. Minun myötäni Liisa Tellervon lapsiluku tuli täyteen.

Omat muistikuvani Turengista ovat hataria, Liisa Tellervo esiintyy minulle tuolta ajalta lähinnä valokuvissa. Yhdessä niistä istun tyytyväisen oloisena hänen sylissään korituolissa, joka on tällä hetkellä tyttäreni Pinjan kodissa. Tai sitten siinä, joka on Liisa Tellervolla Tampereelle. Ristiäisotoksissa köllin kummitätini Ainon sylissä.

Muistan lähinnä sokerijuurikkaitten ajamisen tehtaalle, Rytkösen baarin ja fasaanit. Sikotaudin sairastin ollessamme muuttamassa kerrostaloon, jonka nimi oli Onnenlantti, ja joka oli jälkimmäinen kahdesta Turengin kodeistani.

1960-luvun kauan soiva rhythm and blues jolkotti sen verran väljällä poljennolla, että opettajapariskunnalla oli varaa pitää kotiapulaista. Amalia Kuparinen eli Ami-täti tuli tutuksi ja turvalliseksi, kävi meidän kanssamme joskus mökillä Jäminkipohjassa. Ja kausitöissä jäätelötehtaalla, joka myös oli osa turenkilaista maisemaa.

Turengista tein myös elämäni ensimmäisen junamatkan Helsinkiin Liisa Tellervon ja sisareni Jaanan kanssa. Perillä Jaana häpesi, kun minä halusin ajaa monta kertaa Kaivotalon liukuportailla. Nekin olivat luultavasti kokemuksena ensimmäinen laatuaan. Helsingissä käynti sattuu luultavasti aikaan, jolloin Virtasen Jouni oli töissä kouluhallituksessa, luultavasti hänkin jotenkin liittyi kaupungissa käymiseemme.

1960-luvun loppua kohden Tampere veti vanhempiani puoleensa. Tai oikeastaan se oli Ruovesi, joka veti. Virtasen Jouni oli onnistunut vuonna 1961 ostamaan vajaan hehtaarin maata Jäminkipohjasta, isänsä eli vaarini Yrjön synnyinmäestä, muutaman sadan metrin päästä mummulastani Kuoppamäestä. Niin syntyi maarekisterissä Lauttarannaksi nimetty perheemme kesäpaikka. Tontille nostettiin vähän mökkiä isompi lautarakenteinen talo, lipputangon jalustassa on päivämäärä 24.7.1965. Sauna saatiin seuraavana vuonna.

Janakkala ja Turenki olivat tuohon aikaan kaukana Ruovedestä. 1960-luvulla tehtiin vielä kuusipäiväistä työviikkoa, joten viikonloppuvapaa oli lyhyempi kuin nyt. Eivätkä sen ajan suomalaiset tietkään olleet mutkattomia. Ohitusteitä ei juuri ollut, Tampereen läpi piti pujotella, eikä Valtatie 9 vienyt vielä Tampereelta Orivedelle. Matka Tampereelta Jäminkipohjaan taittui ilman vaihtoehtoa Teiskon kautta ja Paarlahden yli. Tuolloin käytösssä ollut Aunessilta muodostui meille takapenkkiläisille yhdeksi matkan huippuhetkeksi, kun otti mahan pohjasta.

Mutta mökille mentiin kaiketi useimpina viikonloppuina keväällä ja syksyllä, kesät olivat opettajavanhemmilleni suhteellisen vapaata aikaa. Liisa Tellervo on myöhemmin ihmetellyt, miten sitä ehdittiinkin. Kalastettiin, marjastettiin ja niin edelleen. Mutta mielessä kyti ajatus, josko Tampereelle. Liisa Tellervo oli koko Turengin aikamme toimessa paikallisessa yhteiskoulussa, Virtasen Jouni osan ajasta kouluhallituksen rullissa. Kesällä 1968 sitten lähdettiin.

1960-luvulla akateemisesti koulutettujen työnsaanti oli suhteellisen vaivatonta. Liisa Tellervo on kertonut hakeneensa paikkaa sekä Tampereen iltaoppikoulusta että tyttölyseosta eli Tipalasta. Hänet valittiin kumpaankin ja hän valitsi jälkimmäisen, mikä tuntuu perheenäidille luontevalta ratkaisulta. Perheemme elämä olisi ollut erilaista, jos Liisa Tellervo olisi käynyt töissä iltaoppikoulussa.

Muistan muuton sillä tavalla kuin alle viisivuotias asioita muistaa. En tiedä millä kyydillä tulimme, äiti, minä ja Jaana, samassa kyydissä oli myös setäni Heikki, joka oli muuttoapuna. Todennäköisesti tulimme perheemme henkilöautolla television ja muun särkyvän kanssa. Heikki oli varmaan ratissa. Liisa Tellervon autoilusta kerron tuonnempana. Muistiini on tallentunut, että jossain vaiheessa varsinaista muuttokuormaa odottaessamme Liisa Tellervo lähetti Heikin kauppaan ohjeella ostaa muun muassa margariinia. Heikki ostikin – leivontamargariinia. Margariini oli tuohon aikaan vielä aika lailla uusi asia, vaikka sitä toki oli ollut markkinoilla hyvän aikaa. Ja vuosia oli kerrottu juttuja, joissa margariinia tehtiin milloin kissan- milloin minkinraadoista.

Ilmeisesti varsinainen muuttokuormakin tuli perille, koska kotimme saatiin pystytetyksi runsaaksi kahdeksi vuodeksi Irjalan kaupunginosaan, Kolarinkadulle. Asuimme rapatun omakotitalon alakerrassa, yläpuolellamme pitivät majaa vuokraisäntämme ja - emäntämme, Berangerin mamma ja pappa. Heistä tuli itselleni noiden parin vuoden aikana tärkeitä ihmisiä. Olin heidän luonaan hoidossa, sittemmin olin puolipäivätarhassa ja menin sen jälkeen iltapäiväksi Berangereille. Sellainenkin yksittäinen muistikuva on, että kävimme kerran pilkillä Alasjärvellä. Se lienee ainoa kerta, kun olen pilkillä ollut. Tai Alasejjärvihän se tampereen kiälellä on. Berangerit olivat vapaakirkkolaisia ja heidän vakaumuksestaan minulla on muistona Eino Sormusen ja Signe Kanteleen pieni kirja *Kuvia ja kertomuksia Raamatusta* (WSOY). Kyseessä on kirjasen toinen painos vuodelta 1953, joten jossain se oli minua odottanut. Kirjan elinkaarikin oli tuohon aikaan kovasti erilainen kuin nykyään. Muistan, että kirjan kuvat kiehtoivat minua pienenä. Mamma piti myös pyhäkoulua talomme kellarikerroksen saunakamarissa. Jaana-sisareni siellä kävi, minä en suostunut menemään. Pyhäkoulu oli minusta tyttöjen hommaa. Vanhempani olivat kai jossain vaiheessa huolissaan, että minusta tulee Berangereilla ahdasmielinen uskovainen. Ei tullut.

Mamman ja papan hoteisiin jäin myös sinä loppukesän päivänä, kun vanhempani lähtivät uuteen työpaikkaansa. Tyttölyseoon, jossa oli tehty suursiivous uutta lukukautta varten. Ata Hautamäen romaani on fiktiota, mutta tapahtuu kesällä 1968, joten kai siellä koululla oli vanhempieni tuloa varten siivottu. Muistan olleeni lohduton. Joskus olen miettinyt, olenko sen jälkeen vanhempiani ikävöinyt. Varmaan joskus, mutta en muista. Loppukesällä 1968 pienen miehen maailma oli joka tapauksessa liikkeessä. Ja liikkui sitten myöhemmin lisää, kun menin. syksyllä 1970 kouluun. Ja siihen melkein samaan syssyyn tapahtui myös perheemme seuraava ja viimeinen muutto.

Jos muistini ei rakenna kokonaiskuvaa kovin luovalla otteella, oli alun perin tiedossa, että asumisellamme Kolarinkadulla oli rajansa. Berangerien tyttären perhe oli palaamassa Helsingistä takaisin Tampereelle ja tarvitsisi asunnon omaan käyttöönsä. Niinpä meidän oli etsittävä uusi asentopaikka. Etsinnässä minulla oli tietysti vain pikkupojan osuus. Muistelen, että jossain kohdin harkinnassa oli muuttaminen Pirkkalan Loukonlahteen, jota noihin aikoihin rakennettiin. Jos muuttaminen sinne olisi toteutunut, olisi sillä ollut todennäköisesti suuria vaikutuksia elämääni. Olisin päässyt osalliseksi Pirkkalan monisteesta ja marxilaisesta sekoilusta peruskoulussa 1970-luvulla. Vältyin siltä, hankkeen yhden pääjehun, professori Tapio Nummenmaan pojasta Juhosta tuli kyllä sittemmin poikani kummisetä. Jos meistä olisi tullut 1970-luvun taitteessa pirkkalalaisia, olisin käynyt kouluni siellä, mennyt Pirkkalan seurakunnan rippikouluun ja luultavimmin päätynyt naimisiin aivan eri ihmisen kanssa kuin sitten tapahtui. Elämä on joskus ihanan sattumanvaraista, usein pelkästään sattumanvaraista. Emme päätyneet Pirkkalan Loukonlahteen, vaan Tampereen Korkinmäkeen. Se oli samoin kuin Irajala vanhan Messukylän maita.

Muuttoomme liittyy pienen miehen elämää rakentaneita asioita. Tarkoituksenamme oli alun perin muuttaa lokakuussa. Olin syyskuussa aloittanut kansakoulun ensimmäisen luokan Irjalan viipalekoulussa, väliaikaisessa parakissa, jolla helpotettiin Takahuhdin kansakoulun pullistumista. Kivikoululla käytiin vain hammaslääkärissä. Koulussamme oli kaksi luokkahuonetta ynnä eteisaula ja opettajainhuone siinä välissä. Meidän luokallemme oli otettu yksi oppilas enemmän kuin luokkakoko oli, koska ajateltiin minun häipyvän lokakuussa. Virtasen Jouni teki hartiapankilla huoneita, mutta totesi jossain kohdin, että eiköhän muuteta joulun välipäivinä. Varmasti viisas ratkaisu. Minua kutsuttiin koulussa "pulpettivarkaaksi", koska yksi pulpetti oli kai siirretty toisesta luokasta meidän puolellemme ja se oli oppilasten. Mielikuvani mukaan opettaja kysyi tuon tuosta, koska me muutamme. Ehkä hän kysyi kerran, mutta vaikutelma siitä, etten ollut oikein tervetullut jäi elämään ajatuksiini. Mahtoiko opettaja tiedustella muuttoaikatauluamme vanhemmiltani, sitä en tiedä: hehän oikea osoite tiedusteluille olivat. Minä en ollut. Lapsena käy taisteluita, jotka kuuluvat vanhemmille ja joita vanhemmat kävisivät, jos tietäisivät käydä.

Epäviihtymiseni koulussa alkoi muutenkin hetikohta. Vuonna 1970 opetettiin matematiikkaa joukko-opin avulla ja meidän piti piirtää joukko, jossa oli yksi alkio. Piirsin ympyrän sisälle numeron kaksi, joka mielestäni oli tuo yksi alkio. Tämä ei sopinut opettajalle ollenkaan, koska lukua kaksi ei ollut vielä opetettu. Kun lukutaitoisen vielä piti ruveta tavaamaan, meno alkoi kypsyttää ja keksin kaikenlaista pientä vipinää. Taisin olla ensimmäisellä luokalla jälki-istunnossa toistakymmentä kertaa, osan lusin siirryttyäni jo Koikkarin kouluun eli "Känsälään". Onneksi koulupäivät olivat sen verran lyhyitä, että taisin päästä solahtamaan kotielämään ilman kiusallisia kysymyksiä viipymisestä. "Mä opin parissa viikossa, että missä sinä olet, siellä talo uhkaa kaatua", rovasti Ismo Kunnas muisteli kouluaikojamme vuosikymmeniä myöhemmin. Toisella luokalla istumisten määräksi tuli 18, sitten kai rauhoituin. Mutta ne eivät olleet vanhempieni vika – ne alkiot, joukko-oppi ja tavaamiset. Totesin kehittyvillä aivoillani, että koulu ei taida ihan olla minun juttuni ja opettajien poikana päätin sitten varsin aikaisessa vaiheessa, että mitä tahansa muuta työksi, mutta ei kouluun. Kaikenlaisia koulutushommia olen kyllä sittemmin joutunut tekemään ja opiskellut jopa aikuiskasvatustiedettä yliopistossa. Jonkinlaisen negaation kautta Liisa Tellervo siis oli taustavaikuttajana valintoihini tässäkin.

Liisa Tellervon ja Virtasen Jounin opettajuus toi kouluvuosiini kieltämättä oman klanginsa. Opin myöhemmin nuorisopappina rippikoululaisten vanhempainiltoja pitäessäni, että niihin saapuivat erityisesti ne vanhemmat, joilla ei ollut mitään huolta jälkikasvustaan. Tätä samaa oli varmaan siinä, että opettajavanhemmat meiltä osallistuivat kernaasti koulun vanhempaintilaisuuksiin. Kylmää rinkiä alleni oli omiaan luomaan käsitys, että Liisa Tellervo ja Virtasen Jouni alan ihmisinä osaisivat ja uskaltaisivat esittää myös kannaltani kiusallisia kysymyksiä ja olisivat jopa kiinnostuneita edesottamuksistani ahjossa. Kaikesta kuitenkin selvittiin, vanhempainilloistakin.

Ja pääsimmehän me muuttamaan aikanaan. Ennen sitä oli ostettu tontti.

KEIHÄSMATKA HYVÄÄN ETELÄÄN

Kohtalona Korkinmäki. Miten sinne päädyttiin, sitä Liisa Tellervo muistelee Kalevi Kalemaan teoksessa *Kyläkeinulta kaupunkiin*. *Korkinmäen ja Veisun kaupunginoisakirja* (Korkinmäen-Veisun omakotiyhdistys ry ja Tampereen kaupunki 2006):

"Olimme muuttaneet Tampereelle 1968 ja vuotta myöhemmin etsiskelimme sopivaa omakotitalon tonttia. En muista, miten Korkinmäen tontit tulivat tietoomme, mutta päädyimme kaupantekoon matkailukeisari Kalevi Keihäsen kanssa. Hän oli joskus, ehkä 50-luvun alussa ennen matkailu-uraansa tuonut auton Saksan matkaltaan. Silloin autot olivat "kiven alla" Suomessa. Keihänen vaimoineen oli asunut Tampereen rautatieasemaa vastapäätä hotellissa, ja auto oli ollut kadun varressa hotellin edessä. Aamulla autoa oli kiertänyt mies, joka pyysi ostaa sitä. Keihänen oli sanonut, ettei auto ollut myynnissä. Seuraavana aamuna mies oli ollut taas paikalla. Nyt Keihänen oli sanonut, ettei myy, mutta voi vaihtaa maahan. Niin hän sai autoa vastaan metsäkappaleen Korkinmäen reunasta. Kauppakumppani oli autokauppias Jorma Louhivuori. Kun sitten Härkälänmäenkatu aikanaan rakennettiin, jäi osa Lahtisen tontista (Härkälänmäenkatu 11)

kadun toiselle puolelle. Siinä oli Lehtisen Laurin ja Lahtisen Vihtorin varttamia omenapuita, vaja ja sauna. Keihänen osti tämän irtokappaleen, joka oli yksinään liian pieni tontiksi, ja liitti sen Louhivuorelta vaihtamaansa männikkömäkeen, ja sai näistä yhteensä kaksi omakotitonttia. Toinen tonteista oli upea männikkömäki, muistaakseni 2500 neiötä, hinta siihen aikaan vain 12 markkaa neliöltä, mutta kun oltiin nuoria ja köyhiä, ei uskallettu ostaa, vaan päädyttiin pienempään, noin 1500 neliön tonttiin, joka maksoi 15 markkaa neliöltä. Tästä tontista puolet oli Lahtisen omenatarhaa ja toinen puoli männikköä ja läpipääsemätöntä paatsamapusikkoa. Alkuperäisistä omenapuista on vielä viisi jäljellä ja männyt ja muut puut ovat paisuneet mahtaviksi yli kolmessakymmenessä vuodessa.

Olimme tekemässä tonttikauppaa ravintola Hämeensillassa, jossa Keihänen oli ilmoittanut olevansa lounaalla. Ongelmana oli enää raha. Säästöpankissa neuvoteltaessa pankinjohtaja Pekka Terho oli suositellut, että säästäisimme vuoden ja pankki tulisi sitten mukaan. Sanoimme, että vuoden päästä kaikki maksaisi sen verran enemmän kuin mitä olisimme säästäneet. Kun kerroimme tämän Keihäselle, hän pyysi meitä odottamaan hetken, heitti kuuluisan hartioilleen ja marssi Terhon puheille Hämeenkadun toiselle puolelle. Hetken kuluttua hän palasi ja sanoi: ""Kyllä te rahaa saatte." Silloin hän oli vielä vahvoilla, toisin kuin viisi vuotta myöhemmin, kun palasimme Istanbulin matkalta hänen toiseksi viimeisellä lennollaan ennen matkatoimiston sortumista. Niin paperit allekirjoitettiin ja puolitoista vuotta myöhemmin muutimme Korkinmäkeen. Toinen, isompi tonttikin vaihtoi omistajaa ja muuttui yllättäen rivitalotontiksi, männikkömäki hävisi ja rajalle nousi yhdeksän asunnon rivitalo. Niin maailma muuttuu, mutta Korkinmäki on yhä edelleen sama rauhallinen asuinpaikka kuin 35 vuotta sitten."

Mitä ilmeisimmin Kalevi Keihäsen ja Jorma Louhivuoren maakauppa ajoittuu vähän 1950-luvun alkua myöhemmäksi. Virtasen Jounin kertomuksessa tapahtuneesta vaihtokaupassa mukana ollut auto täsmentyi Volkswagen Karmann-Ghiaksi, jota valmistettiin vuosina 1955–1974. Kyseinen auto oli sen verran komea kapistus, että ei ole ihme, jos automies Louhivuoren mieltä alkoi kutkuttaa. Muistan nuoruudestani hänet "Louhivuoren isäntänä", joka ajoi punaisella Dodgella. Yksi ajankuva tämäkin: Keihäsen auto oli pysäköitynä hotellin edessä, rautatieasemaa vastapäätä. Tänä päivänä ei voi kuvitella kenenkään hotellivieraan pysäköivän siihen. Mutta eipä ollut Tampereen rautatieaseman risteyksessä vielä liikennevalojakaan ajaessani ajokorttia kesällä 1982. Nykyisin nousen liki jokaisena työaamunani bussiin niiltä kohdin, missä tapahtui tuo lapsuuteeni paljon vaikuttanut auton kiertäminen ja renkaitten potkiminen.

Ravintola Hämeensilta sijaitsi Koskipuistossa Hatanpään valtatien ja Hämeenkadun kulmassa, sen tiloissa toimii nyt ravintola toisella nimellä. Tampereen Säästöpankki, jossa Keihänen lähti käymään, oli kivenheiton päässä Hämeenkadun vastakkaisella puolella. Muutamaa vuotta myöhemmin siitä tuli osa Tampereen Aluesäästöpankkia, jolle kävi sitten 1990-luvun pankkikriisissä niin kuin kävi ja minustakin tuli rysäyksen myötä Osuuspankin asiakas. Maailma elää, kaupunki muuttuu. Korkinmäki on kasvanut, mutta kotitalomme toistaiseksi pysynyt.

Liisa Tellervon ja Virtasen Jounin vuonna 1969 ostama tontti sai osoitteekseen Härkälänmäenkatu 10. Perheemme muuttaessa Korkinmäkeen Lahtisen talo oli vielä olemassa ja "mamma" siinä jonkin aikaa vielä asui. Sittemmin tontti myytiin ja talo purettiin ja siihen nousi vuonna 1983 talo, johon asettuivat tätä syksyllä 2024 kirjoittaessani siinä yhä asuvat Maija ja Antti Niemi, Liisa Tellervon hyvät naapurit. Eläkkeellä hekin jo, nuoret ihmiset.

RAUHANMAA

Korkinmäki on siivu vanhaa Messukylää Koivistonkylän ja Hervannan välimaastossa. Siitä tuli Liisa Tellervon ja perheemme kotikontu, jonne muuttokuorma purettiin vuoden 1970 ollessa viimeisillään. Sittemmin sana "Korkinmäki" on tullut Liisa Tellervon lähipiirissä keskeiseksi ilmaisuksi, joka on tarkoittanut paitsi Liisa Tellervon kotia myös lastenlasten mummulaa ja omaa ajoittaista kortteeripaikkaani Tampereen työvuosinani. Monella tavalla rikassisältöinen ja ajoin latautunutkin sana.

Perheemme talo oli valmistunut loppuvuodesta 1970 niin kuin omakotitalot valmistuvat eli oli kesken. Minun huoneeni oli varastona, joten ensimmäinen asentopaikkani oli sisareni kanssa samassa luukussa. Kehä on kiertynyt sittemmin umpeen: varastona lapsuuteni huone on myös vuonna 2024. Mutta sinne me asetuimme, Korkinmäkeen. En muista muutosta mitään.

Korkinmäki oli 1970-luvun alussa rauhallinen paikka ja sellainen se on ollut kaikki menneet vuodet. Nuoruudessani koin alueen turhankin hiljaiseloiseksi.

Kotikadullamme oli kyllä takavuosina toiminut bordellikin. Asiassa on totta sen verran, että pari opiskelijatyttöä oli kaiketi hankkinut vuokrarahoja jonkin laajuisilla tavaramarkkinoilla, jotka viranomainen oli vainun saatuaan saattanut häiriötilaan. Tämä oli tapahtunut ennen meidän perheemme aikaa ja tiesin asiasta vain naapurinmiehen puheista. Meidän aikanamme kulmilla huhuiltiin jossain vaiheessa myydyn pontikkaa tai sitten vain jollain kävi muuten vain kyläilijöitä yöaikaan. Naapurimme Mujusen Väinö yritti kerran pyssyn kanssa bussiin, kun pikku-ukot vainosivat, mutta kaiken kaikkiaan oli leppoisaa. Toki Korkinmäessä on tapettukin ja rehvakkaasti haulikolla, mutta se ei sattunut ihan meidän nurkillamme. Meidän aikanamme kyllä.

Härkälänmäenkadun varressa asui monenlaista väkeä ja lapsuudessani kaikki ihmiset tunnettiin. Enää ei tunneta. Pekka ajoi kuorma-autoa ja Yrjö tiekarhua. Välillä Yrjö ajoi myös kaksitahtista Saab 92:ta, jonka röpöttely kuuluu lapsuuteni ääniraitaan. Mäkelä kävi kirjastoautolla niin kuin minäkin. Lauri piirsi koneita, hoiti puutarhaa ja teki kotiviiniä. Ja ruokapöydästämme näkyi tuohon aikaan yli

Kyläkeinunkadun ja yksi merkkihetki oli, kun Hemilän Riston kaljarekka tuli kotiin. *Amiraalin aarre on teidän!*

Luovaa väkeäkin oli ja varttui. Näköetäisyydellä asui perheineen Eero Kankkunen, Tampereen työväen teatterin pitkäaikainen lavastaja ja rajanaapurissa kasvoi Laurin ja Ainon tyttärenä Tuula Lehtinen, sittemmin kansainvälisesti tunnustettu kuvataiteilija. Ja Virtasen Jouni naputteli palkkatyönsä päälle yötä myöten oman alansa oppikirjoja. Tämän lisäksi yhteisössä kukki kaikki se luovuus ja tekeminen, josta kukaan ei tehnyt numeroa eikä kukaan siitä siksi tiennyt. Tai miten päin se sitten menikään.

Korkinmäessä oli pojalle kavereita. Tuohon aikaan kenelläkään ei tietenkään ollut tietokonetta tai älypuhelinta. Pelattiin jääkiekkoa – pallolla toki, jalkapalloa ja pesäpalloa. Mentiin pistettä ja persmattia. Välillä pelit käytiin ja leikit leikittiin muutaman sadan metrin päässä meiltä sijaitsevalla leikkikentällä, mutta monta kertaa temmellettiin kadulla. Ihme kyllä kukaan ei jäänyt auton alle. Liisa Tellervolle elämä toi tällä kantillaan niitä haasteita, joita perinteisessä perhemallissa on usein kasautunut äitien kontolle: väki piti saada ruokapöytään. Se edellytti aika ajoin karjumista. Meillä syötiin koko perhe samaan aikaan ja silloin oli syytä olla paikalla, kun ruoka oli katettuna.

Joskus vuosituhannen jo vaihduttua Liisa Tellervo pohdiskeli elämänpiirissä tapahtunutta muutosta. Hän totesi, että ilmiselvästi alueella oli edelleen kasvavaa nuorisoa, sillä heitä tuli aamulla bussiin, kun oli aika mennä kouluun. Mutta muuten heitä ei näkynyt missään: istuivat kai tahoillaan ruudun ääressä. Saattaa olla niin tai ei, mutta perinteiset pelaamiset oli joka tapauksessa pelattu. Sittemmin ei kyllä kukaan ole myöskään noussut Korkinmäestä aamuisin bussiin, sillä lähin pysäkki on nykyään 600 metrin päässä alueen ohi kulkevan Lahdenperänkadun varressa. Ratikan kuulee hyvin kotitalomme pihalle, mutta kyytiin päästäkseen pitää kävellä toista kilometriä Turtolaan. Suuren kaupungin infrastruktuurin kehitys on joskus muuta kuin arkea helpottavaa.

Moni muukin asia on muuttunut puolessa vuosisadassa. Taloja on rakennettu lisää, pari purettukin. Väkeä on muuttanut kerrostalo-osakkeisiin ja hautausmaille, uutta tullut tilalle. Lapset ovat kasvaneet ulos kuvasta. Liisa Tellervo on pysynyt.

Korkinmäki, Rauhanmaa. Tietyllä tavalla tavanomainen ja kuitenkin oma lajinsa. *Sui generis.* Myöhempinä vuosina alue on näyttäytynyt omiin silmiini vauraana lähiönä, jossa monen talon pihassa on kaksi autoa. Kesällä voi mennä monta päivää, ettei ketään näy liikkeellä, kun porukka lomailee mökeillään tai missä oleksimistaan harjoittaakaan. Tapahtuu vähän. Kerran tapahtui.

Elettiin tämän vuosituhannen toisen vuosikymmenen alkuaikoja. Minulla oli työvuoro juhannuksena, joten kortteerasin Korkinmäessä. Juhannussaunassa käväisin Veisussa ystäväni Ismo Kunnaksen luona. Illan päätteeksi hän heitti minut autolla kotitalolleni.

Heräilin juhannuspäivään ja aamukahvitellessani huomioni kiinnittyi lähistölle pysäköityyn poliisimaijaan. Mietin, oliko sen viereisessä talossa sattunut kuolemantapaus, siellähän taisi asua vanha mummu osana perhettä. Totesin kohta, että ei ole tainnut, ei sellaisessa tapauksessa nostettaisi polkupyörää maijan kyytiin. Pari konstaapelia näkyi toimeliaina, mutta ei heiltä tietenkään voinut mennä kysymään. Mutta vähän hirtehisesti tuli mieleeni, että sattui Liisa Tellervo olemaan Ruoveden mökillä, kun täällä olisi kerrankin ollut jutunjuurta. Tai kyllähän juttua sittemmin tuli.

Päivän mittaan asia ehti pikku-uutiseksi Iltalehden verkkosivuille. Tapauksessa ei ollut mitään hämärää: ketään ei ollut kaltattu. Vainaja ei myöskään millään tavalla liittynyt taloon, jonka pihanurmelta hänet oli löydetty. Kenties ohikulkija oli saanut sairauskohtauksen, lähtenyt tavoittelemaan apua talosta ja pyörä jäänyt nojalleen pensasaitaan miehen hojaantuessa pihalle. Kulkijalla ei ollut henkilöpapereita, joten häntä ei alkuun tunnistettu. Tuntomerkit olivat "noin 70-vuotias harmaantunut mies" ja sellaisia on Suomessa jonkin verran.

Liisa Tellervo on ikänsä ollut tarkka ympäristönsä havainnoitsija ja lisäksi aikaansaapa erilaisten teorioiden ja tapausten mahdollisten kulkujen kehittelijä. Niinpä kun tapaus tuli viikon parin päästä puheeksi, hän oli ehtinyt toisen kadun varrella asuvan rouvan kanssa pohtia asiaa ja kirkastaa tapahtumien kulkua. He olivat tulleet tulokseen, että "se oli varmaan se mies, joka asuu sisarensa kanssa ja ajaa usein polkupyörällä". Hymähdin, että toivottavasti ei ollut, sillä olin nähnyt tarkoitetun miehen liikkeellä pyörineen muutamiakin kertoja juhannuksen jälkeen. Jos siis oli ollut hän, joku oli jättänyt jonkin oven auki.

Ei ollut ovi jäänyt auki. Ihan niin *sui generis* Korkinmäki ei ole.

Teemu Paarlahti

Keräilyeriä

Liisa Tellervosta
ja siitä läheltä

Keräilyerät: Tarjolle laitettuja, joskus jatkojalostettuja jäämiä aikaisemmin tarjotuista aterioista (*Liisa Tellervon keskeinen sanavarasto, päivittyvä laitos*).

HUOLTAJA

Perheiden historiaan on mitä ilmeisimmin taipumuksena muotoutua juttuja, joita äidit toistavat vuosien halki, ja isät. Liisa Tellervon aikuisiän kattilakunta ei ole tässä suhteessa poikkeus.

Elettiin 1970-lukua ja minä ahkeroin Koivistonkylän kansakoulussa eli Koikkarin "känsälässä". Tuohon aikaan ei ollut Wilmaa, mutta yhteyttä koulun ja kodin välillä pidettiin totta kai silloinkin. Niinpä koulusta oli lähetetty taas kerran jokin pahvi, johon tarvittiin vanhempien kuittaus. *Huoltajan* allekirjoitus.

Liisa Tellervon lukuisia kertoja kertaaman tarinan mukaan olin tullut kupongin kanssa hänen puheilleen ja edellyttänyt allekirjoitusta nimenomaan häneltä. Perusteluni oli ollut selkeä: sinä olet perheen *huoltaja*. Sanat kantavat merkityksiä, tässäkin. Totuus on, että ruoka- ja vaatepuoli huushollissamme oli aika lailla Liisa Tellervon varassa. Virtasen Jouni toki savusti kalaa ja grillaili pihvejä kesämailla, mutta kliseinen iso kuva on, että jos ruokakomento olisi ollut hänen varassaan, olisimme olleet koko konkkaronkka vähintään keripukissa. Vaatekaupassa en muista Virtasen Jounin kanssa käyneeni, Liisa Tellervo hoiti sen puolen. Hänen kanssaan kinattiin siitä, ostetaanko merkkifarkut vai jamekset. Näkemysero oli.

Ruokatalouteen liittyen kesäelämä toi ajoin tullessaan valintoja, jotka eivät aivan tapahtuneet ruton ja koleran välillä, mutta jonkinlainen paralleeli-ilmiö oli ilmassa. Mökkielämä Jäminkipohjassa näyttäytyi minun silmiini välillä tylsänä ihan siitä syystä, että kaverit ja kaikki tapahtuminen tuntuivat olevan kaupungissa. Virtasen Jouni oli *rector magnificus* eli hänellä oli oikea virkamiehen kesäloma toisin kuin riviopettajilla, joilla tunnetusti ei ole lomaksi kutsuttua etuutta lainkaan. Käytännössä tämä tarkoitti sitä, että Virtasen Jounin oli aika ajoin käytävä paikan päällä koulun kansliassa, lukujärjestyksen väsääminen hoitui etänä magneettitaulun ja Kuoppamäen mummulassa olleen puhelimen varassa. Nuo kansliapäivät tarjosivat minulle tilaisuuden aika ajoin liftata kyytiin ja päästä pyörähtämään ihmisten ilmoilla. Tässä oli sitten se valinta: minkä kaupunkireissuilla viihteessä voitti, sen hävisi sapuskoissa. Liisa Tellervon laatimiset olivat niillä kangastusta, Virtasen Jounin kanssa pöytään iskettiin piimäpurkki ja talkkunajauhopussi. Mutta tulipa päivitettyä tilanne Tampereen hyvässä etelässä.

Liisa Tellervon toistamia juttuja on ollut tietysti paljon muitakin kuin tuo *huoltajan* allekirjoituksen edellyttämiseni. Kuten se, että kansakoulunopettajani Raili Ahtiala oli luonnehtinut olemistani toteamalla, että en pääse koulussa hakemaan ruokaa tekemättä kuperkeikkaa matkalla. Tämä kuvaa sitä, miten kerrottuihin juttuihin kehiytyy vähintään epätodelle haiskahtavia komponentteja: esimerkiksi minun sahapukkiuteni on ollut pienestä pitäen sen sorttista, että minua ei voi kuvitella tekemään kuperkeikkaa koulun ruokajonossa tai ylipäätänsä missään. Mutta tarina on hyvä ja se on tärkeää.

Perheen historiaa ja sen jäsenten pienuuteen liittyviä tarinoita tulee kertoa. Itse olen jatkanut perinnettä tavalla, joka on luultavasti saanut omat lapseni joitakin kertoja noitumaan. Ja ketju jatkuu.

LAUANTAI-ILLAN ERIKOISIA

Lauantait lapsuusaikani Korkinmäessä olivat rauhallisia. Ei ihan viideltä saunaan ja kuudelta saunasta pois, mutta sinne päin. Vasta teinivuosina rupesin liukenemaan viikonloppuisin keskikaupungille. Saunan päälle oltiin kotosalla, ulkona ei kamuttu.

Lauantain alkuiltaan kuului usein Englannin liigan jalkapallo-ottelun seuraaminen televisiosta. Aulis Virtanen selosti ja kertoi, miten joukkueet erottuivat toisistaan mustavalkoisessa kuvassa. Otteluiden seuraamiseen liittyi myös tuon tuosta toistunut nahistelu sisarteni kanssa, kun hän oli sitä mieltä, että pitäisi katsoa toiselta kanavalta *Naapurilähiötä*. Se alkoi kiusallisesti 18.15 eli oli omiaan haukkaamaan ottelun viimeisen puolituntisen. Sisareni oli perinteisesti hyvä puhumaan Virtasen Jouni puolelleen, niin tässäkin asiassa.

Lauantain ruokavalio huushollissamme oli sikäli perinteinen, että muistikuvissa esiintyy äidin leipoma pulla. Maitoa en pullan kanssa nauttinut, en ole sitä juomalla juonut muutenkaan sen jälkeen, kun pääsin vauvana aineesta eroon. Mutta pullaa hotkin mieluusti. On yksi asia, kuinka usein pullaa meillä oli, muistoissa sitä oli aina lauantaisin.

Lauantaisena iltasyömisenä Korkinmäessä oli alkuun makkaroita ja nimenomaan Wigrenin saunamakkaroita, joita Liisa Tellervo osti kauppahallista. Niitä oli myöhemminkin mökkieväänä Lauttarannassa. Mutta jossain kohdin Liisa Tellervo havaitsi uuden ruokalajin.

"Onko tämä nyt sitä pizzaa?" setäni Heikin vaimo Aira kysyi joskus 1970-luvun alkupuolella ollessamme elintarvikkeiden edessä heidän kyläillessään meillä. Ja sitähän se oli, pizzaa. 1970-luvulla pizza ei tosiaan ollut vielä sellainen jokapaikantuote kuin nykyään, vaan uutta ja vähän ihmeellistä. Ei sitä kavereitten kodeissa syöty.

Pizzaan liittyy muistoissani myös se, että minä en halunnut syödä sieniä. Aika ajoin minua koitettiin suorastaan pakottaa syömään niitä, millä saattoi olla oma vaikutuksensa siihen, että en nykyäänkään syö niitä vapaaehtoisesti. En ymmärtänyt ajatusta, että kaikkea pitää maistaa enkä ymmärrä vieläkään. Jos joku ei tykkää jostain, niin saa minun mielestäni olla. Pizzanlaadintaan löytyi onneksi sellainen ratkaisu, että yksi kulma uunipellille tehdystä pizzasta jätettiin sienittä. Minun ei tullut sen syömisen päälle ekstrattua, vaikka sapuskaa olisi ollut jäljellä. Mutta perimmäiset traumani ovat muualla kuin sienissä ja lapsuuslauantaitteni pizza oli hyvää.

Lapsuudesta ja Liisa Tellervon ostopäätöksistä saattaa juontaa juurensa sekin, että Wigrenin makkarat ovat aina soitelleet sielunkellojani. Ehkä niistä tulee mieleen jotain hyvästä lapsuudesta. Joskus wigerenit ovat jäänyt jopa madoksi korvaan. Näin kävi kesällä 2024, kun TPV:n jalkapallo-otteluissa soitettiin banaaliudessaan verraton Wigrenin Nysä-makkaroiden mainos aina kummankin jakson kymmenennen peliminuutin kohdalla. Siinä b-luokan tanssilavatähdeltä kuulostava laulaja hoilottaa: ”On onnemme lyhyt!” Sitä olen joutunut monesti laulamaan kotona. Ystäväni ja entinen työkaverini Hatanpään sairaalalta, nykyään kokkina toimiva Mikko Antila on puolestaan kertonut laulaneensa samaa töissä...

Paitsi sieniin myös television katsomiseen liittyi lapsuuskodissani kasvatuksellisia pyrkimyksiä. 1970-luvulla televisiosta tuli useita amerikkalaisia poliisisarjoja ja yksi niistä oli Telly Savalasin tähdittämä *Kojak*, jota näytettiin jossain vaiheessa lauantaisin iltayhdentoista jälkeen. Koulussa tuntui, että kaikki pojat saivat katsoa

Kojakia, minä en. Luultavasti kaikki eivät saaneet. Liisa Tellervo ja Virtasen Jouni olivat sitä mieltä, että kyseinen sarja oli minulle liian väkivaltainen tai muuten brutaali. *Kojakit* jäivät katsomatta.

Vuonna 2013 olin vuorotteluvapaalla työstäni ja aikaa oli kaikenlaiseen. Lainasin kirjastosta kaikki *Kojakin* saatavilla olleet tuotantokaudet ja katsoin ne ajatuksella, että viisikymppisenä sain katsella ties mitä aikuisviihdettä ilman, että kukaan tulisi säätämään jotain. Eivät *Kojakit* erityisen väkivaltaisia olleet, hyviä kuin mitkä. Mutta elämää rakentava ajatus Liisa Tellervolla ja Virtasen Jounilla asiassa varmasti oli, välittivät kai.

Välittää. Se on ollut äitien tehtävä ja on. Päämaja on Päämaja, vaikka yhteys kaukopartioon haurastuu.

POLAR EKSPERSSILLÄ RUOTSIIN JA MUUTA LIIKETTÄ LOMA-AIKAAN

Perheen ja Liisa Tellervon elämään kuuluivat 1970-luvulla kohtuubudjetoidut lomamatkat. Mitään kroisoksia emme olleet, mutta kävimme laajemmalla kuin *ulkomailla Teiskossa*. 1970-luvulla luokkakavereissa oli vain muutamia, jotka olivat käyneet *etelässä,* minun vanhempani olivat käyneet Amerikassa, mikä oli hienoa. Mutta kaiken kaikkiaan maailma oli isompi kuin nykyään.

"Mentiin Polar Eksperssillä Ruotsiin", minun kerrotaan Liisa Tellervon ihan vain muutamaan otteeseen kertoman jutun mukaan sanoneen. Kyseinen matka tehtiin joko 1972 tai 1973, joka tapauksessa ylitimme Pohjanlahden Vaasasta Sundsvalliin. Olin ensimmäistä kertaa matkustajalaivassa merellä, Liisa Tellervo oli ollut ennenkin. "Polar Eksperssi" oli tietysti oikeasti *Polar Express*, hyvän vuosikerran 1963 purtilo, alkuperäiseltä nimeltään *Prinsessan Marghareta*. Se oli saanut uuden nimen vuonna 1968 omistajanvaihdoksen myötä. Sittemmin laiva päätyi 1980-luvulla Kuwaitiin ja paloi lopulta Panaman lipun alla seilanneena *Farah II*:na Punaisella merellä. Mutta tuona 1970-luvun alkupuolen kesänä Liisa Tellervo perheineen puksutti sillä Ruotsiin.

Jo ennen tuota matkaa olimme käyneet autoilemassa Norjassa, Pohjois-Karjalassa piipahdettiin muistini mukaan kesällä 1971 ja sitten mentiin siis Ruotsiin. Matkoilta on jäänyt mieleen monenlaista, sen muistan, että usein tunnuimme käyvän katsomassa nähtävyyksiä, joista en niin hirveästi välittänyt. Jonain kesänä sisareni onnistui jäämään Pohjanmaan mummulaan serkkujen ja hevosen luo - muistan siitä käydyn jonkinlaisen sodan - ja minun osakseni jäi kiertää Öölantia, jossa Liisa Tellervo ja Virtasen Jouni halusivat toistuvasti tutustua muinaislinnoiksi kutsuttuihin kivikasoihin. Tuosta matkasta on mieleeni jäänyt erityisesti se, että oli kuuma ja meidän Romaniassa valmistetussa Renault 12:ssa oli istuimissa keinonahkaverhoilu.   Mutta mukavia matkat kokonaisuutena olivat. Hyvän lapsuuden rakennuspalikoita. Nukuttiin teltassa.

Kesän 1975 matka on jäänyt mieleeni selvästi. Matka tehtiin yhdessä sekä tätini ja kummini Ullan ja hänen miehensä Jorman sekä heidän nuorimmaisten poikiensa Miikan ja Anssin kanssa. Ensin laivalla Helsingistä Gdanskiin, sitten valuimme pitkin Puolaa Tšekkoslovakiaan ja edelleen Unkariin. Uimme Balatonissa, haistelimme Ostravan hirveitä, puoli Tšekkoslovakian valtakuntaa haltuunsa ottaneita ja tienposkeen ruokailemaan pysähtyneissä turisteissa yrjähdyksiä aikaansaavia teollisuuskäryjä, vietimme yhden yön puolalaisessa pioneerileirissä. Kävimme Wieliczkan suolakaivoksessa ja Auschwitzin keskitysleirissä. Söimme Krakovan makkaroita ennen sinne menemistä. Liisa Tellervo kotkotti Unkarissa halutessaan ostaa munia, kun myyjän kanssa oli haasteita kielen kanssa. Pikkupojat tulivat monin paikoin ihmettelemään läntisen puoliskon autojamme, Renault 16:ta ja sata-ampeerista Datsunia. Jälkimmäistä työnsimme loppumatkasta käyntiin, kun luulimme starttimoottorin simahtaneen. Suomessa kävi ilmi, että akusta oli hävinnyt vesi. Mutta reilut 5000 kilometriä pyyhälsimme *itäreunaa* – termi, jota Simo U. Tapio käyttää itäisen Euroopan sosialistisista maista kirjassaan *Autolla Suomesta Mustalle merelle* (WSOY 1968). Tapion kirja on mainio ajankuva: menneinä kymmeninä maailma muuttui sen verran hitaasti, että kirjassa kerrotaan paljon sellaista, mikä tuli tutuksi matkallamme 1970-luvun puolivälissä.

Kesällä 1977 suuntasimme Irlantiin, emme toki autolla, vaan lentokoneella. Olin elämäni ensimmäistä kertaa ilmalaivassa. Vietimme perillä kolme viikkoa, ajelimme vuokratulla autolla saarta ristiin rastiin tien vasenta puolta. Ennen matkaa kuvittelin osaavani englantia, mutta irlantilainen aksentti oli varsin *luvli* ymmärtää. Kaiken kaikkiaan pyrin sanailemaan vähän. Liisa Tellervo oli englanninopettaja ja se tietysti aiheutti sen, että en hänen kuultensa halunnut hiiskua englanniksi mitään. En ole päässyt asiasta eroon koskaan.

Irlannin matkaan perheen yhteiset reissut ulkomaille loppuivat, alkoi siinä mielessä eriytymisen aika. Liisa Tellervo ja Virtasen Jouni olivat olleet jo keihäsmatkalaisia käydessään Istanbulissa keväällä 1974 ja jossain he kävivät kimpassa myöhemminkin, Dubrovnikissa ainakin, Espanjassa myös ja Madeiralla. Mutta tulossa oli uusi eriytymisen aika.

Vanhempieni avioliitto romuttui 1980-luvun mittaan. Liisa Tellervo matkusteli sittemmin Virtasen Jounin jälkeisessä ajassa omin päin tai ainakin ilman perheenjäseniä Kiinaa ja Israelia myöten. Venäjällä kävimme joskus porukalla ja Tallinnassa.

Kun Liisa Tellervo syntyi Pohjanmaalle vuonna 1935, Lakian maisema oli avara, muttei kovin kansainvälinen. Pakkolaskun tehneitä saksalaisia sotilaita oli kyllä käynyt Kangasmaan tuvassa jatkosodan aikana ja taloissa kiertävät romanit toivat tuulahduksia toisenlaisuudesta. Kun ajattelee elämänmenoa silloin, niin koko lailla laajasti Liisa Tellervo on sittemmin ponnistanut Harjasta maailmalle. Nähnyt planeettaamme. Ja kokenut. Tampereen ratikalla hän ei kuitenkaan tietääkseni ole matkustanut.

LIISA TELLERVO RATISSA

"Kun pariskunnan näkee liikkeellä autolla, niin aika lailla järjestään mies on ratissa ja vaimo istuu vieressä. Tähän on kuitenkin yksi poikkeus. Jos käy lauantaiaamupäivällä marketissa, näkee paljon autoja, joissa nainen ajaa ja mies istuu vieressä."

Tähän tapaan Liisa Tellervo joskus maailmaa tarkasteltuaan sanaili. Ja näinhän se ilman tieteellistä täsmällisyyttä tarkasteltuna tuntuu olevan. Kun olkapääni oli vuoden 2010 paikkeilla sökönä niin, että en voinut hetkeen ajaa, meille jäi vaimoni kanssa olan parannuttuakin käytännöksi, että ollessamme yhdessä autoilemassa hän useimmiten on ratissa. Syy on ihan se, että hän pitää ajamisesta enemmän kuin minä. Joskus minua huvittaa kotikylällä liikkuessamme ajatus, että jotkut ehkä aprikoivat minun ryypänneen korttini. En ole, en mitään muutakaan moneen vuoteen. Perinne-elämää autoilussamme edustaa se, että kumpikin kahden hengen taloutemme kulkuväli on minun nimissäni. Että aina jotain.

Lapsuusperheeni autoilu oli sekin hyvin patriarkaalista, patriarkkana ja rattimiehenä hääräsi tietysti Virtasen Jouni. Liisa Tellervo oli ehkä muutamat vuosikymmenet hänelle Shotgun *Rider*, monissa merkityksissä.

Auto talouteen oli hankittu minun syntymäni myötä, kun Virtasen Jouni oli todennut, että kahta tenavaa hän ei raakusta junissa. Niin hän löysi vapahtajan Morris Ministä vuonna 1963.

Minin muistan vaivoin, kaiketi lähinnä vanhasta kaitafilmistä, sitä seurasi vuonna 1966 Renault 16 TL, 1972 ostettiin romanialaisvalmisteinen Renault 12. Kolme vuotta myöhemmin Virtasen Jouni tapasi Kreikan lomamatkalla seinäjokelaisen Kuismasen Viljon, jolla oli autokauppa. Häneltä ostettiin kohta matkan jälkeen taas Renault 16 TL ja sitten 1978 Mazda 626 kaksilitraisella moottorilla ja 1983 Peugeot 305 ja 1986 Ford Sierra...Itsekin tein Viljon kanssa sittemmin neljä autokauppaa 1980-luvun lopulla ja seuraavan kymmenen alussa. Sitten Viljo taisi tehdä konkurssin.

Minulla on mielikuva, että auto kuului yksiselitteisesti Virtasen Jounin valtapuoliskoon vanhempieni liitossa, jos siinä nyt mikään meni puoliksi. Hän ne osti, ruostesuojautti ja huollatti. Ja ajoi niillä. Vanhempani olivat samassa työpaikassa ja jos töihin mentiin samaan aikaan, mentiin autolla. Jos eri aikaan, Virtasen Jouni meni autolla ja Liisa Tellervo bussilla. Järjestely sopi luultavasti molemmille erinomaisesti. Ja näin on ollut Korkinmäessä varmasti tapana myöhemminkin. Kun sinne ja sieltä 2020-luvun alkupuolelle asti kulki linja-auto, niin aamubussiin nousivat koululaiset, naiset ja minä ollessani kotitalollani yökunnissa.

Aina joskus Virtasen Jouni sai perheen yhteisillä automatkoilla päähännouseman, että Liisa Tellervo menee nyt rattiin. Muistan, että se oli minusta ja sisarestani jotenkin hauskaa, varsinkin, kun liikkeelle lähteminen sujui yleensä vähän kankeasti ja nykien. Ja Liisa Tellervoa ajaminen jännitti niin, että selkä ei oikein pysynyt kiinni penkissä, vaan hän tyyräsi etukenossa.

Saatuani itse ajokortin muistan ruinanneeni autoa lainaksi vain ja ainoastaan Virtasen Jounilta. Hänen puoleensa käännyttiin myös niissä tilanteissa, joissa tarvittiin kyytiä jostain tai jonnekin. Ja niin sitten myös oman avioliittoni alkuajat kuluivat minun ollessa kuskin paikalla – puhun nyt autoilusta.

Sen jälkeen, kun Liisa Tellervon ja Virtasen Jounin elämät eriytyivät, Liisa Tellervo hankki auton ja alkoi ajaa enemmän, ennen kaikkea matkat kotoa Korkinmäestä Lauttarantaan. Liisa Tellervon ensimmäinen auto oli Citroen AX, jota tarvittiin lainaan meille kohta muutettuamme vuoden 1991 lopulla Vilppulaan, jotta vaimoni pystyi käymään naapuripitäjässä kolmivuorotyössä. Kovin pitkään auto ei meillä ollut, sillä parisuhde-elämässämme oli noihin aikoihin sen kaltaisia altistustekijöitä, että Tampereen likka paukahti paksuksi ja autontarve loppui sillä erää siihen.

Sitikkaa seurasi pari Peugeot 305:ttä. Niistä jälkimmäinen katsastettiin viimeisen kerran Liisa Tellervon omistuksessa syksyllä 2024 hänen päätettyään päättää autoilu-uransa 89-vuotiaana. Päätöksessä on viisaus, jonka yhteydessä voi viitata Rolling Stonesin vuonna 1978 ilmestyneeseen *Some Girls* -albumiin ja yhteen sen raitaan: parempi kävellä ennen kuin joku panee juoksemaan. Itse tehdyt päätökset ovat mukavampia kuin jonkun virallistahon sanelemat. Ihan kohtuukunnialla Liisa Tellervo on autoilunsa hoitanut, mitään aivan kamalaa ei ole tapahtunut. Ensimmäinen Pösö meni kyllä syksyllä 2009 lunastuskuntoon, mutta silloin Liisa Tellervo ei ollut ratissa, vaan minä hölmöyttäni sikainfluenssarokotuksen jälkimainingissa.

Mutta omanlaistaan on ollut 1970-luvun lapsen elämän viihde. Niin kuin se, että äiti ajoi autoa.

"JOS SIELLÄ KOVASTI POLITIIKKAA"

Oulusta kotoisin oleva ystäväni Eero Pirttijärvi ei ollut lapsena 1960-luvulla mukana partiolippukunnan toiminnassa. Syy oli se, että hänen vasemmistolainen vanhemmistonsa ei hyväksynyt sinne menemistä. Minäkään en ollut kersana partiossa, päädyin sinne vasta virkani puolesta ollessani ensimmäisessä seurakuntapapin paikassani Maskussa 1980-luvun lopulla. Minut olisi varmasti kotiväkeni puolesta päästetty partioon, mutta jalkapallon kanssa oli vähällä olla nihkeää.

Tampereen Pallo-Veikot (TPV) on vuonna 1930 perustettu perinteikäs tullilaisseura, jonka junioritoiminta Tampereella oli 1970-luvulla voimissaan. Jossain vaiheessa kansakoululuokkamme pojista taisivat yhtä tai kahta lukuun ottamatta kaikki olla mukana. Liisa Tellervo on maalaisliittolaisen isän tytär, jolle vuoden 1918 kärhämä on ollut *vapaussota* ja on varmasti vieläkin. Muistan nuorena käyneeni asiasta hänen kanssaan jokusen sanasodan. Ja olihan sukulaismies Lenni ollut Tamperetta valtaamassa. Politiikalla ei tokikaan ollut näkyvää osaa perheemme elämässä, enkä edes tiedä, ketä vanhempani ovat vaaleissa äänestäneet. Sen tiedän, ketä eivät. Pataporvarerita he minun näkökulmastani joka tapauksessa olivat. Ajatusmaailma oli meillä sillä tavoin keskiluokkaisen kohdallaan, että asiat muuttuivat politiikaksi siinä vaiheessa, kun ruvettiin ajattelemaan vasemmistolaisittain. Muu oli tavanomaista yhteisten asioitten hoitamista ja asiallista meininkiä. Näin ollen se, että TPV herätti vanhemmissani epäluuloa ei kuulu maailman suurten ihmeitten joukkoon. *"Jos siellä kovasti politiikkaa"*, muistan kotonani aprikoidun. Mutta kyllä minä Koikkarin kentälle pääsin porukkaan mukaan ja sain ostaa seuran verkkaritkin.

Joskus vanhemmat ovat vahingossa tai tarkoituksella viisaita ollessaan panematta kapuloita nuorison nousevan voiman rattaisiin. TPV:stä tuli minulle jollain tavalla tärkeä koko elämän mitalle. Pohdin seuran merkitystä itselleni huhtikuussa 2020 TPV:n kannattajayhdistys Tammelan voiman *Paltsaristi*-verkkojulkaisussa:

"Arvostan urheiluseuroista TPV:n erityisen korkealle. Näin siksi, että se tekee arvokasta nuorisotyötä. Se on myös seura, jossa itse olin poikassena 1970-luvulla

mukana. Pelata saimme myös me, jotka emme olleet ryhmän parhaimmistoa. Kaupunginosajoukkueiden otteluissa pääsi kentälle, jos viitsi käydä harjoituksissa. Tunnetuin TPV:n junioreissa palloillut pelimies taitaa olla Raimo Helminen – leipälaji vain oli sittemmin toinen."

Ja TPV liittyy myös päivämäärän 15.9.2018, joka jakaa elämääni aikaan ennen ja jälkeen: *"Syksy 2018 toi kohdallani jalkapalloon ja Punakoneen fanittamiseen uusia sävyjä. 15.9.2018 minun on tarkoitus mennä Tammelan pallokentälle katsomaan TPV:n ja Närpes Kraftin välistä miesten kakkosen jalkapallo-ottelua. Lähdenkin piknikille Teiskontien varteen ja sieltä edelleen kuntoilemaan Tuonenlehvän Kalastajasaarento kakkoseen (viittaa Tammenlehväkeskuksen osastoon Petsamo 2). Olin tuona lauantaina työtehtävissä Vatialan hautausmaan kappelilla ja matkani jatkui sieltä yliopistosairaalan ensiapuun. Siellä todettiin, että päässäni oli "syvä aivojen sisäinen verenvuoto" – omien epikriisien lukeminen jälkeenpäin on vavahduttavaa. Soitin kaverille, että ystäväni eivät turhaan odottelisi minua Kalevan kirkon vieressä olevalla parkkipaikalla, missä olimme sopineet tapaavamme. "Vaikka huutakaa Närpiö nurin, nyt mennään nousukarsintaan", totesin. Kai he huusivat. "* Kauden 2018 päätteeksi TPV nousi ykköseen ja tuli sieltä kyllä nopeasti taas alaspäin.

Summaan *Paltsaristin* kirjoituksessani jalkapallon merkitystä itselleni: *"Kysymys on enemmästä kuin jalkapallosta – kaikkein vähiten potkupallosta. Elämä on tätä, tunteitten todeksi elämistä ja tärkeinä pitämistään asioista nauttimista. Jos haluat nähdä Taikahuilun, mene oopperaan. Minä menen Tammelaan. Omalla kohdallani TPV merkitsee myös paljon muuta kuin nämä pallokarkelot. Kysymys on tamperelaisesta lapsuudestani ja siitä, mitä se on minuun jättänyt. Siitä alkaen, kun Eero Lindholm 1970-luvun puolivälissä yritti Koikkarin kentällä opettaa minua pelaamaan – ja vaihtomiehen osa oli usein joutua paimentamaan Eeron welsh corgia."*

Pääsin siis pelaamaan jalkapalloa. Mitä olisi tapahtunut, jos Liisa Tellervo ja Virtasen Jouni olisivat käyneet vastarintaan? Olisinko mennyt kuitenkin. Kaksitoistavuotiaana en ollut vielä täysin hallitsematon komponentti vanhemmilleni, joten en tiedä vastausta esittämääni kysymykseen.

En muista tuon ajan TPV:n toiminnasta mitään puoluepolitiikalle käryävää. Ja TPV on edelleen minulle tärkeä, ellei rakas osa tamperelaista identiteettiäni. Monet vuodet olen istunut kausikorttilaisena katsomassa "Punakoneen" kotiotteluita ja aina silloin tällöin maksanut seuran jäsenmaksunkin. Punaisen puolella, aina.

Vanhemman yksi tehtävä on olla lapsensa elämässä asioiden mahdollistaja, joskus olemalla olematta tiellä. Liisa Tellervo on ollut sitä minulle. Monta kertaa varmasti tietämättä, minkä mahdolliseksi tekijä.

Ja Liisa Tellervon ja Virtasen Jounin huoli minun politiikalle altistumisestani oli lopulta aiheeton, ei siihen TPV:tä tarvittu: kyllä minusta tuli kaikenlaisen pesemisen, huuhtelemisen ja linkoamisen kestävä vihervassari ilman sitäkin. Voissa paistamistakaan ei kannata kokeilla.

MUT MITEN KÄY LIISA TELLERVOLTA ROCK N' ROLL?

Liisa Tellervo on hiihtänyt ja Liisa Tellervo on kalastanut. Miten on ollut rock n' rollin laita?

Lapsuuden ja nuoruuden keskeisiä ja kestäviä muistoja on isotätini Solda Virtasen ja hänen asuintoverinsa Maija Pynnösen luona Kangasniemellä vietetyt hiihtolomat. Silloin tuli minunkin hiihtää. Kesäisin verkot olivat kutakuinkin aina Jäminginselässä. Liisa Tellervo ja Virtasen Jouni hoitivat pääsääntöisesti verkoilla käymisen, joskus viheliäinen soutajan pesti iski minullekin. Siinä meni harvoin mikään oikein. Kala oli tervetullutta talovelallisen perheen ruokapöytään, luulen. Yksi asia, josta olen Liisa Tellervolle kiitollinen, on se, että lapsuudessani aikuisilla oli aikuisten murheet, lapset olivat niistä vapaita. Liisa Tellervo on muistellut, kuinka he joskus istuivat Virtasen Jounin kanssa illalla keittiön pöydän ääressä ja jakoivat erääntymässä olevia laskuja niihin, jotka tuli hoitaa ajallaan ja niihin, joita saattoi siirtää seuraavan palkkapäivän yli. Minulla ja sisarellani ei näitä huolia ollut, eikä pitänytkään olla. Olen saanut kotoa kaiken kaikkiaan hyvät talousopit: kuluta harkiten. Minä ja sisareni saimme luultavasti lapsina kaiken tarpeellisen ja enemmänkin, mutta asioista neuvoteltiin ja niitä puntaroitiin. Ne ovat olleet hyvää perustaa sen elämän lainalalaisuuden oppimiseksi, että kassasta ei saisi mennä ulos enempää rahaa kuin sinne tulee sisään.

Muistan jostain kohdasta nuoruuttani sananvaihdon, joka sai alkunsa luistimista. Minua huvitti, kun selvisi, että Liisa Tellervo ei osannut luistella. "Ei tullut mieleen lapsena kinuta luistimia, kun rahasta oli tiukkaa", muistan hänen vastanneen. Liisa Tellervon lapsuudenkoti Kauhajoella ei varmasti ollut puutteenalainen, mutta rahapuun en muista kasvaneen Kangasmaan pihapiirissä. Olin nipin napin siinä iässä, että ymmärsin hävetä huvittuneisuuttani. Luistinten hankkiminen ei ole ollut itsestään selvää eikä ole nykyäänkään sitä kaikissa perheissä. Eivätkä ihmiset, joilla ei ole jouluna kinkkua välttämättä syö sen sijasta kalkkunaa.

Mutta se ydinkysymys: miten Liisa Tellervolta on käynyt rock n' roll?

Täyttäessäni syksyllä 2013 viisikymmentä *Aamulehden* toimittaja risti minut syntymäpäiväjutussa "rokkia rakastavaksi sairaalapastoriksi". Luonnehdinta osuu oikeaan. Siksi rockmuumioksi, joka olen, päätyminen on vaatinut pitkän harjoittelun ja tästä Liisa Tellervo tietysti joutuin yhteisessä kodissamme osalliseksi, halusi tai ei – luultavsti ei halunnut.

Alkuun musiikkiharrastukseni oli hapuilua sen perässä, mikä oli suosittua ja esillä. Vuonna 1976 sain syntymäpäivälahjaksi kasettisoittimen, jolle aloin ajan tavan mukaan tallentaa musiikkia radiosta. 1970-luvulla sen tarjonta oli sellaista, jota myöhempien aikojen nuoret eivät luultavasti osaa edes kuvitella: konserttimusiikin ylivalta oli musertava ja vähänkin rockille haiskahtavaa tavaraa piti etsiä etsimällä. *Pop eilen – tänään* ja *Nuorten sävellahja* olivat keskeisiä tuossa etsimisessä. Toimittaja Jake Nymanin vaikutusta nuoren miehen musiikkitietämyksen karttumiseen ei voi yliarvioida. Opin, että oleellista ei ole suosio, vaan se, että soitto on hyvää ja musiikki muutenkin mallillaan.

Kasettisoitin piti rokin kohtuullisen hyvin omassa huoneessani ja vanhempani siltä suojassa. Muutama vuosi myöhemmin rupesin kuitenkin haalimaan omistukseeni levyjä, noita useimmiten mustia ja kiehtovia kiekkoja, joita minulla on edelleen jäljellä rapiat 800. Vinyyliaika toi rokin myös vanhempieni kannalta kiusallisesti kotimme keskiöön, levysoitin kun oli olohuoneessa. Kuulokkeita en muista 1970-luvulla juuri käyttäneeni, mahtoiko sellaisia meillä ollakaan. Myöhemmin kyllä.

Kouluaikoina lähes kaikki rahani menivät levyihin. Muistelen olleeni jatkuvasti viikkorahojen suhteen veloissani niitä myöntäviin tahoihin päin. En kuitenkaan muista, että asiasta olisi minulle sen kummemmin niuhotettu. Professori Joel Kuortin, jo kouluaikaisen ystäväni, Eila-äiti valitti joskus niin ikään vinyylimanian kourissa eläneelle pojalleen, että pitääkö kaikki rahat kantaa levykauppaan. "Olisiko parempi käyttää ne kaljaan ja tupakkiin", Joel oli vastannut.

Sikäli olin armollinen, että stereoiden potikat kääntyivät kaakkoon vain kotiväen ollessa poissa. Virtasen Jouni osti joskus 1980-luvun taitteessa hyvät kaiuttimet, joilla kelpasi luukuttaa. Joskus niin tapahtui. Ystäväni Tapio Soini on muun muassa joskus muistellut valaistumisen hetkeä, kun Van Halenin *Eruption* tulvi olohuoneeseemme. Kyllähän *Eruptionilla* valaistuukin. Ämyrit ovat Korkinmäessä tänäkin päivänä.

Luonnollisesti rokki soi tuon ajan vanhempien mielestä aina liian lujaa ja turhan usein. Liisa Tellervo tunnusti myöhemmin pelänneensä joka kevät, että koulumenestyksessäni on tapahtunut "se suuri romahdus", koska hänestä tuntui, että minä lähinnä vetelehdin olohuoneen sohvalla ja huudatin rokkilevyjä. Toki hoidin kouluun liittyen asialliset asiallisesti pienimmän riesan tietä ja Liisa Tellervon vaikutelmat syntyivät lähinnä talomme arkkitehtuurin perusteella: olohuoneessa tuli aina nähdyksi ja minun tapauksessani myös kuulluksi. Tuplaaminen toteutui kohdallani vasta yliopistossa, jonka kävin kahteen kertaan.

Liisa Tellervo kommentoi harvoin levyjäni, irlantilaisen Thin Lizzyn soittajia muistan hänen maininneen epämusikaalisiksi.

Sen sijaan mieleeni on jäänyt pysyvästi se, kun Isokynä Lindholm lauloi radiossa, miten *"kaikki menee seinään."* Esitys innoitti myös Liisa Tellervon laulamaan. Myöhemmin olen muistanut aina kappaleen kuullessani nimenomaan hänen esittämänsä tulkinnan siitä. Liisa Tellervon fraseeraus ei kertonut arvostamisesta, jos kohta en ole itsekään koskaan erityisemmin pitänyt Lindholmin laulamisesta.

Liisa Tellervon hitusen anarkistisesta asenteesta rokkiin kertoo myös edelleen Korkinmäen WC:n kaapin oven sisäpintaan teipattuna oleva Pate Mustajärven kasvokuva, jossa tällä on jonkin sortin irvistys. Liisa Tellervo laittoi kuvan paikalleen joskus 1980-luvun alussa evästeellä, että kuvasta voi hakea puhtia, jos ei meinaa irrota. En muista olenko koskaan joutunut turvautumaan Mustajärveen ollessani täysistunnolla Korkinmäessä.

Liisa Tellervo oli kovasti englannintaitoinen ja aika ajoin minua vähän huoletti, kuinka paikoin roisit rokkisanoitukset asettuivat hänen korviinsa - suurin osa kuuntelemastani musiikista oli brittiläistä tai amerikkalaista. En muista hänen niihin puuttuneen. Sen sijaan muistan hitusen huvittavan englannin kieleen liittyvän tilanteen, kun olin ostanut Jethro Tullin *Minstrel In The Gallery* -albumin. Sen B-puolella on pitkä ja moniosainen *Baker St. Muse*, jonka yksi osa on nimeltään *Pig Me and the Whore*. Minä tietysti kyselin Liisa Tellervolta, mikä se sellainen *whore* on. Jotenkin Liisa Tellervo tilanteen selvitti, jos kohta puheena olevan ammatin toimenkuvan hahmottaminen taisi vaatia minulta tiedonhankintaa omin päin, kenttätutkimukseen en sentään ryhtynyt. Mutta tarut ovat joskus totuutta ihmeellisempiä. Erään kerran Soinin Tapsa tuli meille, mahdoimme istua Joel Kuortin kanssa olohuoneessamme. Me kaksi tiesimme sen, mitä Tapsa ei, eli että Liisa Tellervo korjasi kirjahyllyn olohuoneesta erottavassa työtilassaan kokeita. Jostain syystä Tapsan puhe oli tuona iltana kirosanaista ja karkeahkoa, se nauratti minua ja Joelia. Mutta kun Tapsan itseilmaisu alkoi suuntautua feminiiniin anatomiaan, katsoimme tarpeelliseksi informoida Tapsaa kuuloetäisyydellä olevan Liisa Tellervon läsnäolosta. "Minä olen opettanut poikaluokkia, kyllä minä kaikki nuo sanat olen kuullut", kuului Liisa Tellervon ääni kirjahyllyn takaa.

Ehkä niin. Uudissanoja ei tainnut Liisa Tellervolle olla rokkibiiseissäkään ja olihan niiden joukossa myös monta rakkauslaulua *so divine*. Vanhemmat eivät ole aina niin pullossa kasvaneita kuin heidän lapsensa luulevat, eivät isovanhemmatkaan. Liisa Tellervon kylmiön hyllyllä oli 1990-luvulla rivi lasipurkkeja, joiden etiketissä luki *"karv.pers"*. Lapsenlapsia huvitti kovasti, että mummu oli

laittanut vahingossa säilömyksiinsä härskihköt etiketit –
niin oli hyvinkin, mutta saattoi Liisa Tellervo olla laittanut
ne *ihan kuriillaan* hänelle tyypillistä ilmaisua käyttäen.
Yhtä kaikki yksi suvun tarina syntyi. Karviaisista ja
persikoista tehdystä hillosta oli tietysti kysymys.

Kun syksyn 2018 aivotärskyni jälkeen kuuntelin
tutkitusti aivoterveellistä *itse valittua ja mieluisista
musiikkia* neuropsykologin määräyksestä, minua huvitti
ajatus, että räminä, joka piinasi Liisa Tellervoa ja Virtasen
Jounia nuoruudessani oli nyt auttamassa minua kohti
pintavesiä. Imperiumi suorittaa vastaiskuja silloinkin, kun
erityistä syytä niihin ei ole. Mutta jos
lapsuudenperheemme olisi ollut rokkibändi, Liisa Tellervo
olisi ollut rumpali ja basisti yhden nahan sisällä.
Systeemin konehuone.

Musiikki soi edelleen Korkinmäen olohuoneessa. On
juhannus 2024. Olen töissä koko mittumaarin ja siksi
majoittuneena lapsuuskotitalolleni.

Juon aamukahvia ruokahuoneen pöydän ääressä. Liisa
Tellervo istuksii olohuoneessa. Radio Suomi pauhaa Timo
Jämsenin *Yyterin twistiä*. Mieltäni virkistää toki sen
pinnalle nouseva nuoruusaikainen ruokoton väännös

kappaleen sanoista: *"Karvaisin säärin nyt mielin määrin"* ja niin edelleen, mutta volyymi on vapisuttava. Liisa Tellervon kuulolaite on tunnetusti useimmiten muualla kuin korvassa. Mutta mitä sanoinkaan juuri Imperiumin vastaiskuista. Saan nyt takaisin takavuosien lääkettä.

Juon kahvin loppuun ja hiippailen tuvan puolelle turvaan. Vähin äänin.

"On 1980-luvun alku ja iltapäivän hetki Korkinmäessä. Teemu soittaa tapansa mukaan hyviä levyjä, nyt on menossa meitä hauskuttavasti kovasti seurakuntamme nuorisopastorin Hannu Häkämiehen näköisen Henry Grossin albumi Plug Me Into Something.

Musiikin kuuntelun lomassa on aika juoda päiväkahvit. Liisa Tellervo kattaa pöytään ruisleipää, margariinia, juustoa ja tietenkin kahvia. Kahvin äärellä puhutaan niitä näitä, ei mitään ihmeellistä. Olennaista on iltapäivän pysähtynyt, mieleen painuva tunnelma."

Ismo Kunnas, rovasti.

Pajalla

*Korkinmäen aamuja,
Veisun iltoja*

*Teemu Paarlahti, Pilvi
Laurikka ja Ismo Kunnas
äänessä*

Korkinmäessä 1970-luvulla elänyt virkamiesperhe ei vaikuttanut päälle kovin uskonnolliselta. En muista, että vanhempani olisisivat opettaneet minulle iltarukousta, mikä ei tarkoita, etteikö niin olisi jossain vaiheessa tapahtunut.

Irjalassa asuessamme muistelen käyneeni seurakunnan päiväkerhossa, Berangerin pappa saatteli minua ja naapurin tyttöä Uudenkylän seurakuntatalolle ja takaisin. Suhde kirkkoon oli ehkä hitusen etäinen, mutta kunnioittava. Hengellisille asioille ei sopinut irvailla ja miksi niin olisi ylipäänsä pitänyt tehdä. Rippikoulun käyminen oli aikanaan itsestään selvä asia ja jossain vaiheessa perheemme rupesi osallistumaan jouluaaton iltakirkkoihin, useimmiten kotikirkossa Viinikassa ja joskus Tuomiokirkossa. Kun menin rippikoulun jälkeen mukaan seurakunnan nuorisotoimintaan, ei se herättänyt kotona sen suurempia intohimoja, vaikka nuoret kristityt ovat helposti kotiväelleen rasittavia. Myöskään myöhempään uravalintaani ei puututtu ja ehkäpä Liisa Tellervossa oli jossain vaiheessa jopa tiettyä ylpeyttä poikansa pappeudesta. Näin ainakin silloin, kun olin vielä seurakuntavirassa, pidin puheita ja saarnasin. Kaiken kaikkiaan kasvuympäristö oli uskontomielessä varmasti hyvä: itseni tuntien epäilen, että tiukan uskonnollisessa kodissa olisin varttunut ateistiksi. Sen verran omien teiden kulkija olen aina ollut.

Ehkä keskeisimmät hengellisiä asioita sivuavat muistoni lapsuuskotiajoilta liittyvät arkiaamuihin. Aamiaispöydässä äänimaiseman loi keittiössä auki ollut harmaa Blaupunkt ja sieltä kiirivä ohjelma: *hartaat sävelet, aamuhartaus* ja niiden päälle *uutiset ja Aamun peili*. Hartauksista en muista mitään, musiikista on jäänyt kamariorkesteri *Academy of St. Martin in the Fields*, jonka nimi tuntui hassulta. Uutisissa kai kerrottiin Neuvostoliitosta. Tuo Blaupunkt oli kaiken kaikkiaan merkittävä vaikuttaja tuon ajan elämässä: sieltä tulivat valuuttakurssit, meriveden korkeus rannikkoasemilla, Turun tuomiokirkon kellonlyönnit ja paljon muuta tärkeää, puhumattakaan säätiedotuksista, joiden kuunteleminen kotonamme taisi olla enemmän pyhä toimitus kuin radion hartausohjelmat.

En siis muista koulupäivien aamuhartauksista mitään. Onneksi niitä jotkut kuuntelevat huolella. Tein aikoinaan noin 35 Yleisradion aamu- ja iltahartautta. Kerran sain kuulijalta palautteen, jonka mukaan pitämäni aamuhartaus oli taatusti huonoin mitä hän oli koskaan kuullut. Kuulolla oli siis oltu!

Mutta nuo aamuhetket olivat sitä turvallista ja vakaata, mitä muovautumassa oleva elämä tarvitsi. Hengen leipä oli siinä.

Muistan myös, että Liisa Tellervolla oli useimmiten radio auki sunnuntaiaamupäivisin, kun sieltä tuli jumalanpalvelus. Sitä hän kuunteli ja valmisteli samalla perheen sunnuntailounasta.

Tyttäreni Pilvi valitti joskus innokkaana seurakuntanuorena äidilleen, kun tämä ei osallistunut mihinkään seurakunnan toimintaan. "Kerro mihin toimintaan keski-ikäinen, työssä käyvä lapsiperheen äiti repeäisi", vaimoni vastasi. Ei Liisa Tellervokaan olisi isommin revennyt kodin ulkopuolisiin asioihin silloin, kun minä ja sisareni asuimme vielä hänen kanssaan samaa taloutta ja piti hoitaa myös vanhemman englannin kielen lehtorin virka koulussa. Myöhemmin tuli toiset askareet.

Joskus 1990-luvun lopulla silloiseen Viinikan seurakuntaan ruvettiin virittelemään työpajatoimintaa lähetystyön hyväksi. Syntyi Veisun paja, jossa naisväki teki kankaanpainantaa ja muita käsitöitä, miehet puuhasivat puusta. Toimintaa oli panemassa alkuun taiteilija Riitta Ranta, Viinikan seurakunnan kirkkoherran, tohtori Erkki Rannan puoliso. Malli siihen oli saatu Mäntästä, jossa Riitta oli vetänyt samanlaista toimintaa miehensä ollessa siellä seurakunnan johtajapappina. Kuulin aloitettavasta toiminnasta ja suosittelin Liisa Tellervolle siihen tutustumista. Arvelin, että hän kädentaitoisena ja luonteeltaan sosiaalisena nauttisi siitä, semminkin, kun hän asui jo siinä vaiheessa yksin. Niin Liisa Tellervo lähti Veisun tiistai-iltaan ja juurtui sinne. Eipä aikaakaan, kun kevään ja alkusyksyn mökkikulkeminen alkoi jo rytmittyä Veisun pajan mukaan: kaupungissa oli oltava tiistaina, kun silloin oli paja.

Veisun paja oli viemässä Liisa Tellervoa myös *Aamulehden* sivuille. Vuoden 2010 molemmin puolin Aamulehdessä julkaistiin vielä viikoittainen hartauskirjoitus ja niiden yhteyteen ideoitiin pikkujuttu *"Viikon hyvä ihminen"*. Houkuttelin jossain vaiheessa vuonna 2009 lääketieteen opintonsa aloittaneen Pilvin yhdeksi hartauskirjoitusten laatijaksi ja samaan kauppaan kuului kirjoitusvuorolla siis myös tuo kylkiäinen. Näin

Pilvi mummustaan kirjoitti (jutusta on jäljellä vain leike vailla päivämäärää, joskus vuoden 2010-luvun alkupuolella kirjoitus on Aamulehdessä ollut):

"Liisa Paarlahti oli jäämässä eläkkeelle ja etsi uutta harrastusta. Hän löysi tiensä Riitta Rannan perustamaan Veisun pajaan: Viinikan seurakunnan puu- ja tekstiilipajaan, jossa tehdään käsitöitä lähetystyön hyväksi. Nyt Liisa on viettänyt tiistai-iltansa pajalla jo noin 15 vuoden ajan.

"Omalta kannaltani tärkeää tässä toiminnassa on porukka. Monista siellä käyvistä on tullut hyviä ystäviä, joiden kanssa keskustellaan kaikenlaista töiden lomassa ja iltateellä."

Liisan mielestä arjen teot ovat käytännönläheisempi ja henkilökohtaisempi tapa tukea lähetystyötä kuin rahan lahjoittaminen.

"Tuntee konkreettisesti tekevänsä jotain, josta on hyötyä. Lähetystyöntekijöiden kirjeet ja vierailujen kautta saamme myös tietää, mitä työllämme on saatu aikaan."

Liisa Paarlahti on isoäitini. Hän on aina toiminut lapsenlapsilleen loistavana esimerkkinä siitä, että usko rakentuu arjesta ja siinä tehdyistä teoista."

Kirjoitus oli otsikoitu *"Arjen työ konkretisoi uskoa"*. Siihen ei ole tässä kohdin lisättävää.

Vielä pilkahdus Veisun pajalta. Kölvipojasta asti Liisa Tellervon tuntenut Ismo Kunnas, Vuoden papiksikin vuonna 2014 valittu kappalainen, rovasti ja Sisä-Suomen poliisin poliisipappi muistelee yhtä iltaa Veisun pajalla. Liisa Tellervo ei koskaan ole ollut leimallisesti liberaaliuden avantgardea, mutta elämä on opettanut viisautta ja katsannon tarpeellista avaruutta. Kunnaksen kertoman aikaan elettiin aikaa, jolloin lähetystyön kannattajien keskuudessa syntyi ristivetoa sen tekijöiden erilaisesta seksuaalisesta suuntautumisesta ja sen sallimisesta. Suomen Lähetysseura joutui asiassa tapetille. Kunnas muistelee:

"Tilanteen ajatteleminen täyttää mieleni edelleen ihailulla. Veisun pajalla oli tärkeää itse puu- ja tekstiilituotokset ja tekeminen, mutta myös iltakahvit.

Olin paikalla pitämässä hartautta. Tuona iltana iltakahvien aikana tarjottiin mahdollisuutta allekirjoittaa vetoomus, jossa korvennettiin Suomen Lähetysseuraa lähetystyöhön lähtevien henkilövalinnoista. Jotenkin hetkessä leijui oletus, että tietenkin kaikki laittavat nimensä alle. Allekirjoitusmahdollisuutta tarjottaessa Liisa hyvin selkeästi ilmoitti, että missään tapauksessa hän ei laita nimeään kyseiseen pumaskaan."

Usein, kun lähden potilaan luota sairaalassa, on tarpeen palauttaa käyttämäni tuoli vuoteen vierustalta sinne, missä se on ollut. Usein totean tuolloin, että äiti opetti lapsena, että tavarat pitää laittaa käytön jälkeen takaisin paikoilleen. Ja että on tilanteita, joissa on ilmaistava itsensä *hyvin selkeästi*. Senkin Liisa Tellervo on opettanut.

Jaana Paarlahti

"Tuntui olevan ison osan päivästä keittiön liepeillä"

Kuvia äidin ja tyttären jaetusta elämästä. Kesistä, vellikellosta ja härmämalikoista.

Kesä ja kesämökkimme Lauttaranta Ruoveden Jäminkipohjassa ovat aina kuuluneet minulla yhteen. Siksipä tämänkin muistelun keskiöksi valitsin sen, vaikka aikaa Tampereellakin olen viettänyt äidin kanssa viikonloppuisin ja lomien aikana. Elämää ovatkin rytmittäneet kesäloma, syysloma ja talviloma.

Ensimmäiset muistikuvani Lauttarannasta ovat ajalta, jolloin taloa sinne mäen päälle rakennettiin. Yrjö-vaarin kanssa vietiin työmiehille evästä samassa Temisevänmäessä parin sadan metrin päässä Lauttarannasta olevasta mummulastamme Kuoppamäestä ja minä sain joskus jopa kantaa piimäkannua, sellaista violettikuvioista kapeanokkaista posliinikannua. Ainakin yhdestä kompuroimisesta Temisevänmäessä kannan polvessani arpea. Mäki oli kuulemma aiemmin ollut korkeampikin ja tie soralla. Liisa-äitikin oli siinä kerran nuorena pyörällä kaatunut.

Arven muistan saaneeni myös puukosta, kun Kuoppamäessä mummulan puolella veistelin Lohen poikien eli Kuusamon serkkujen kanssa kaarnaveneitä. Tarkkaan syynäten se näkyy peukalossa edelleen. Sitä paikattiin laastarilla, ei onneksi tarvinnut kuitenkaan tikata. Siihen aikaan minut jo melko pienenä näköjään päästettiin kulkemaan Temisevänmäki yksin, viettämään kesäpäiviä poika- ja välillä tyttöserkkujenkin kanssa Kuoppamäkeen. Mistään saattamisista minulla ei ole muistikuvia.

Valokuvat kertovat lapsuusvuosista. Mattopyykkiä, veneilyä ja marjanpoimintaa auringonottoineenkin. Niistä päivistä riittäisi muistoja korvan kuulumattomiin saakka. Lauttarantaan hankittiin sitten jossain vaiheessa vellikello, jota äiti monet kerrat on kilkutellut minua omalle puolelle Kuoppamäen visiitin venyttyä yli ruuan valmistumisajankohdan. Sitä olen kesäisin monet kerrat, pienellä viiveellä, totellutkin, kun ovat olleet vaikka setäni Heikin kanssa jutut kesken. Jokusenkin kerran sain hiukan moitetta ruuan jäähtymisestä. Viimeksi kesällä 2024 olin kuulevinani vellikellon äänen, kun olin jossakin....

Vanha kaitafilmi on osaltaan kertomassa Lauttarannan kehittymisestä asutuksi kesätaloksi. Äiti keittiöpuuhissa keittiössä, tarjoilemassa vieraille kahvia, lapset kempuralla leikkimökin edustalla. Leikkimökin oli isä-Jouni rakentanut ison talon kopioksi.

Lauttaranta paikkana on omalla tavallansa pysyvä, vaikka se ja elämä siellä ovat olleet erilaisessa roolissa elämässäni eri aika- ja ikäkausina. Joskus ihan naurattaa, miten joka kulma ja kivi ovatkaan tuttuja. Piha ja puutarha ovat tietysti muuttuneet asukkaiden kerätessä ikävuosia. Varhaisimmat muistikuvat liittyvät paitsi rakentamiseen, erilaisiin pihaleikkeihin. Jos en ollut Kuoppamäessä, leikin leikkimökissä. Monenlaisia kaluja äiti (ja hiukan Aili-mummukin) sinne antoi ja kalusteita haalittiin. Pukkilehmät laidunsivat ja lypsyllä piti käydä. Tämähän on perua äidin kotoa Kauhajoen Harjankylästä, jossa olin viettänyt veljeni Teemun kanssa yhden talvikauden ja saanut tutustua navettatöihin. Se tapahtui ennen koulunkäyntini alkamista, joten muistikuvat ovat irrallisia. Äidin sijaistajana toimi tuon ajan tätini Marja-Leena. Meidän käyttämämme penkkisänky on nyt Lauttarannan tuvan kaluste. Vaaleansininen maalipinta sai väistyä. Jälkisaatteena kouluvuosille toiveammatti: karjakko!

Koululaisajan kesiin liittyvät muistoissa serkusvierailut ja telkkarivisiitit Kuoppiksessa.

Äiti siis laittoi paljon ruokaa, tuntui olevan ison osan päivästä keittiön liepeillä. Hetken levähdys ja uuteen hommaan kiinni. Sadevesien kantoa päädyltä saunalle (vesijohto oli hommattu 1976, mutta vesihän maksoi). Ruuanlaitossa isä hoiti sunnuntaisin lihangrillauksia takassa. Yksi ehdoton kesän hittiruoka oli riisi-raparperipuuro! 1970-luvun taitteessa käytiin Pekkalan kartanon meijerillä (alkuvuosina oli vielä maitotinki Lauttarannan ja Kuoppamäen välissä sijaitsevalle Järviselle) ja myös kalanviljelylaitokselta ylikasvaneita kirjolohia hakemassa. Äiti ja isä kävivät verkoilla ja kalaa syötiin, madesoppa oli hyvää. Äiti keräsi ja fermentoi talveksi luonnon teeaineksia ja työsti nokkosia.

Koulunkäyntivuosina kouluajan viikonloput kuluivat Lauttarannassa usein niin, että isä-Jouni meni sienimetsään, mutta kyllä me muutkin kävimme Siikanevalla. Tuntui, että arkiviikon äiti sitten seisoikin Tampereen kotimme keittiössä koulupäivien jälkeen säilömässä keräyksiä varastoon. Hurjimpina saaliina muistan saavilliset härmämalikoita ja sinivalmuskoja. Syksyllä 2024 huomasin omassa metsässä kyseisiä sieniä, joten epäilen jonkun "istuttaneen" niitä heittelemällä perkausjätettä metsänpohjaan. Sen verran sitä malikkasienipizzaa tuli syödyksi, että en poiminut niitä.

Joskus käytiin mustikka- ja puolukkametsässä, mutta muistini mukaan itse innostuin siitä hommasta enemmän sitten, kun kälyni eli veljeni Teemun vaimo Sanna-Leena tuli kaveriksi. Sanoisin, että on hommassa hyvä kirittäjä! Kyllähän me ihan isollakin porukalla kävimme marjametsässä, lapsetkin mukana, mutta tuntien reissut tulivat tavaksi vasta heidän kasvettuaan isommiksi.

Lapsuuden kesän- ja viikonlopunvietot saivat aikaan joskus hassujakin muistijälkiä. Oudoimpina esimerkiksi äidin villapaidan kuraantuminen joskus 1970-luvulla. Hieno violettisävyinen kirjoneulepaita sai kurasuihkukoristeen, kun syksynliukas pihanurmikko oli vastuksena auton käännössä ja työntöavun antaja sai osansa. Mutta jäipä mieleen.

Kouluaikojen jälkeen alkoivat opiskeluvuodet ja niihinkin kesiin Lauttaranta ja sen väki kuuluivat. Äidin ruuille oli mukava tulla kesäkursseilta viikonloppujen viettoon 1980-luvulla. Puutarhassa oli aina puuhaa ja aina koki olevansa tervetullut. Niin kuin myöhempinäkin vuosina. Ajat muuttuivat ja asustelimme äidin kanssa kesäisin monena vuonna kahdestamme. Myöhemmin kesälomakuukausiin liittyivät myös mieheni Jukan vierailut Lauttarannassa ja sitten tietysti tyttäremme Hilla, 1990-luvun puolivälin tienoissa.

Hilla vieraili Lauttarannassa ensimmäisen kerran aika pienenä, syksyllä 1994. Seuraavana kesänä vaununukutuksia hoidettiin kiertämällä taloa. Kesäkuusta lähtien Hilla ja Teemun tytär Pinja opettelivat nurmikolla kävelemään. Hilla hiukan nuorempana, uskoisin serkun esimerkin olleen siinä innostajana. Äiti hoiti taloutta ja kaikkea, mitä nyt arkielämään kesällä kuului. Hillan vartuttua muutaman vuoden kävimme veneilemässä ja ongella, mutta eivät ne ihan jokapäiväisiä puuhia olleet.

Yhtäkään klapia en ole itse halkaissut, äiti tykkäsi pilkkoa puita. Ja minä en ole vieläkään opetellut. 1990-luvulla innostuttiin kasvivärjäyksestä. Harrastus virisi uudelleen 2020-luvun taitteessa. Kerran tehtiin materiaalinhankintaretki Virroille kehräämöön.

Keväällä pohjustettiin kasvimaata yhteisvoimin äidin kanssa. Se ei ollut helppo homma, kun jyrsin oli "miesten mallia"! Minä huolehdin kylvöistä ja myöhemmin kesällä äiti huolsi kasvatuksia kastelemalla ja kitkemällä. Hoidettiin pihaa, niitettiin nurmikoita. Käytiin Ruoveden kirkolla ja Noitakäräjillä, joskus konserteissakin. Mansikkapellolla ja mustikkametsässä. Tosin alkuvaiheessa Hilla vain nukkui poimimisen ajan autossa. Monena kesänä ajeltiin päiväreissulle Ilmajoelle, Tuurin ja Keskisen kyläkaupan kautta! Kerran etsittiin Ylistarosta äidin mummulamökki ja vierailtiin Ylistaron kirkossa. 50 vuotta oli kulunut edellisestä käynnistä siellä.

Kudoimme mattoja vanhalla koululla ja yhteisellä loimella naapurin Kaisan navetassa, Hillakin pääsi siihen hommaan tutustumaan. 1970-luvulla mattoja kudottiin Lauttarannassa Aili-mummun puilla. Lauttarannan tuvan matot ovat äidin käsialaa siltä ajalta. Myöhemmin äiti kutoi myös poppanoita. Hillan lapsuusvuosien kesä- ja elokuissa olimme aika paljon Hillan kanssa Lauttarannassa ja aina olimme tervetulleita. Heinäkuussa reissasimme oman perheen kanssa.

Saunan lämmittäminen ja saunominen oli ohjelmanumero sinänsä ja 1990-luvun lopulla siellä olivat monesti mukana muutkin äidin lapsenlapset, nakuina hyppivät pitkin metsää. Äiti laittoi hyvissä ajoin pesän valmiiksi niin, *"ettei tartte kun kriipaasta!"* Jonakin kesänä kauan sitten äiti keksi lapsille "myyrän oven" saunan läheisen koivun juurelle. Vasta tänä kesänä 2024 se sai uuden kuosin, vanha oli jo niin virttynyt. Äidin keksimänä myyrä asui sen takana, mutta ei sitä koskaan nähty. Lapsia vahdittiin omassa rannassa ja myös läheiseen Leppänokkaan tehtiin uintireissuja. Myöhemmin sinne tuli matonpesupaikka ja pesu siirtyi omalta laiturilta sinne.

Muistan hakeneeni muutamankin kerran Mäntästä autokuormallisen lapsia Lauttarantaan viikonlopun viettoon mummun luo. Matkaan lähtiessä päällimmäinen ajatus oli, että nyt on ajettava todella huolellisesti, kun on suvun kallein kuorma kyydissä!

Tuohon aikaan ei ollut vielä koiria matkustajina niin kuin myöhemmin. Lapsuuskodissamme koira kyllä oli, Länsi-Göötanmaan pystykorva Masa. Masa-koiran nimi oli äidin keksimä. Hakureissun jälkeen kävin saunassa ja sieltä tullessa pennulla oli nimi! Oli kuulemma ollut sellaiset isäntämiehen pussihousut sillä. Äiti ruokki ja ruokavarusti vuosien ajan Masan, erityisesti omien opiskeluvuosieni alkaessa. Vaikkei koiran hankinta ihan äidin oma ajatus ollutkaan!

Lapsilla oli Lauttarannassa ilmiselvästi hauskaa, varsinkin kun saivat peuhata mummun isossa sängyssä. Piirrettiin ja pelattiin lautapelejä sekä krokettia, äiti piti porukan murkinassa. Ruokalajeja en varsinaisesti muista, mutta räiskäleitä eli "plättyjä" paistettiin takassa. Ne olivat lasten herkkua ja paiston tuoksu leijui pihalle. Joskus paistettiin vohluja, isommallekin joukolle Mummu luki iltasatuja isossa sängyssä. Joskus siellä oli niin ahdasta, että Perttu nukkui jalkopäässä poikittain.

1990-luvulla vielä äidin kanssa verkkokalastettiin, mutta sitten se vähitellen jäi käytyään liian rankaksi. Vielä teimme äidin kanssa virheostoksen eli hankimme vahingossa liian korkean verkon. Sieltä Keskiseltä tietenkin! Onkiminenkin väheni pikkuhiljaa.

Pensasmarja-aika säilömisineen oli vuosittainen oma ajanjaksonsa: poimintaa, pakastusta, mehunkeittoa - äiti omissa puskissaan ja minä omissani. Käytiin myös vadelmassa, pikku ämpärit kaulassa. Aika hankalissakin maastoissa, ensin kävelymatkan päässä ja sitten autollakin. Äidillä oli myös omassa rinteessä vattupensaikkoa. Pakastetut marjat matkasivat kaupunkiin äidin käydessä siellä asioimassa.

Yksi marjaretki äidin kanssa on jäänyt erityisesti mieleeni. Onneksi se päättyi hyvin. Lähdimme eräänä lauantaina - ilmeisesti 90-luvun taitteessa – Ruoveden kirkonkylän luoteispuolella olevaan Rontonhorhaan katsomaan, olisiko siellä lakkoja. Viivasuoran kapean polun molemmin puolin oli lupaavaa maastoa. Poikkesimme polulta ja yhtäkkiä emme tienneetkään, kuinka olimme kääntyilleet ja missä polku oli. Viivasuorana sitä oli lähes mahdoton erottaa maastossa. Hetken muistelin tulleeni jonkin ojantapaisen yli ja pohdittuani aikani älysin kulkureittini. Löysimme takaisin polulle. Tuli jo mieleen, ettei siellä suunnalla lauantai-illalla olisi ketään muita varmaan kulkenut ja olisimme sitten kai elelleet siellä marjoilla. Siihen aikaan ei ollut vielä kännyköittä. Onnellinen loppu kuitenkin ja muistan nyt aina, että jotain maamerkkejä pitää jättää. Nykyään kuljen usein punaisen ämpärin kanssa.

Muihin vaaratilanteisiin en muista äidin kanssa reissuilla joutuneeni, lukuun ottamatta lievää ojan puolelle eksymistä eräällä mustikkareissulla. Ja kerran kiskoimme toisen autokunnan ojasta juuri Rontonhorhassa. Siitä äidille tuli tappiota, kun kuulemma meni meidän hinausköytemme hiukan liian halvalla. Äiti sen totesi hankittuaan uuden tilalle.

Näitä kirjaillessa huoman, miten suuri osa muistiin jääneistä äitiin liittyvistä asioista liittyy porukan huoltamiseen ja erityisesti ruokahuoltoon. Malttoi äiti toki muutakin tehdä: lukea kirjoja ja lehtiä, istua ihan pihakeinussakin. Jos pitkään malttoi. Aina oli jotakin puuhaa. On myös jäänyt mielikuva, että äidin kadottua sisältä jonnekin tuli pian havainto jostakin puuhasta, oli se sitten saunan vesien laskua tai jonkin "rankojen" kuskaamista puupaikalle. Lauttarantaan tullessa äiti istui usein suojaseinän edustalla isossa puutarhatuolissa ja lähtiessä näkyi viimeisenä vilkutus mäen päältä taustapeilistä. Tööttäsin torvea heipaksi. Seuraavaan kertaan!

Jaana Paarlahti (s. 1959) on FM ja eläkkeellä oleva biologian ja maantiedon aineenopettaja, Liisa Tellervon tytär.

Mummun pienet

Lisää löylyä!

Liisa Tellervon lapsenlapset muistelevat kesäparatiisia, jouluja ja siskonmakkarakeittoa

ja miniä ajattelee lisäpöytäkirjan.

Kaada vielä kupilliset

meille pihakoivun alla

elämää iltapäivällä ja kesää

onnellista ja sellaisena hitusen musertavaa.

Teemu Paarlahti

PILVI LAURIKKA

”TUNTUI LOHDULLISEN TUTULTA”

Korkinmäki, viherherukat
ja kipakat löylyt

Oli vappu. Aikuisena aikakäsitys alkaa tunnetusti venyä, mutta ei se kovin tarkka ole myöskään varhaislapsuuden osalta. Veikkaan, että vuosi on ollut 1995 tai 1996. Olin mummun kanssa mökillä ja saunoimme, kuten mökillä kuuluu tehdä. Oli perinteinen suomalainen vappusää: satoi lunta. Mummu kertoi saunan lauteilla tarinan joistain tuttavistaan, jotka olivat lumesta innostuessaan menneet saunasta ulos ja kiskoneet oksilta lumet niskaansa. Ajatus innosti minua välittömästi, kuten voisin kuvitella omaa viisivuotaista lastanikin innostavan. Niin siinä sitten kävi, että päätimme mummun kanssa kokeilla samaa menetelmää, menimme lämmittelyn jälkeen ulos ja kävimme ravistelemassa raskaat lumet päällemme jokaisesta ulottuvilla olevasta kuusenoksasta, heti ensimmäisenä siitä isosta oksasta, joka kuului saunan mökinpuoleisella sivulla seisovalle isolle kuuselle. Vuodet ovat harventaneet tuon kuusen alaoksia niin, että tuuheaa oksaa ei samassa kohtaa enää ole, mutta puu on vielä pystyssä. Sitä katsoessani vapputunnelma muistuu välillä edelleen mieleen.

On joitain sanoja, jotka mielessäni muodostavat erottamattoman parin mummu-sanan kanssa. Yksi tällainen pari on mummu ja mökki, kuten edellä kuvaamani muisto kuvaa. Näitä mökkimuistoja voisi luetella lukemattomia muitakin; mummun kipakankuivat löylyt 100-asteisessa saunassa (siskoni nautti enemmän kuin minä), aamupala syöden mummun nokkossämpylöitä juoden kaakaota aina samasta kissamukista, mummun takassa paistamat räiskäleet. Etupihan paahteessa karhealla penkillä ja vaarin tekemällä pöydällä nautitut päiväkahvit. Kävelyt raikkaassa aamuilmassa hakemaan sanomalehteä mäen päältä Kuoppamäen haarasta, lupiinikimpun poimiminen paluumatkalla. Aamu-uinnit ja iltapäiväuinnit, mummun havainnot siitä kuinka tuulen suunnasta voi päätellä onko vesi tänään kylmää vai lämmintä.

Toinen vastaavanlainen yhteenkuuluva sanapari on mummu ja joulu. Lapsuuteni joulumuistoihin kuuluu olennaisena osana se, että mummu tuli meille. Ensin se tapahtui joka vuosi, sittemmin joka toinen vuosi, kun joulun isännöintivuoro muodostui vuorovuosittaiseksi Jaana-tädin perheen kanssa. Sen verran tottuneita olimme sisarustemme kanssa mummun jouluvierailuihin, että aina aikuisikään saakka joka toinen joulu tuntui vähän enemmän joululta kuin ne toiset. Minulla on ollut ilo parina hiljattaisena jouluaattona, vuosina 2021 ja 2022, saada mummu jouluseuraksi myös omaan nykyiseen kotiimme Tampereen Petäjässuonkadulle. Vaikka viimeisin yhteisjoulu vuonna 2023 mummun osalta peruuntui esikoisemme kuumetaudin vuoksi, nukahtaa nuorimmaisemme joka ilta Liisa-mummun joululahjaksi antama iso yksisarvispehmolelu vieressään.

Vanhimpana lapsenlapsena minulla on ollut etuoikeus myös tehdä pari ulkomaanmatkaa mummun kanssa. Yksi niistä suuntautui Ruotsiin, Tukholmaan ja sen nähtävyyksiin. Lapsuuteni on ollut ilmeisen onnellinen, koska yksi harmittavimmista muistoistani on se, että en uskaltanut Kolmårdenissa ratsastaa norsulla, vaikka mummu tarjosi siihen mahdollisuutta. Tuolla matkalla keskustelimme mummun kanssa aikavyöhykkeistä, ja siitä että on työlästä muuttaa rannekellon aikaa maasta toiseen ja kesästä talveen siirryttäessä. Tuolloin ehdotin mummulle, että mitä jos hänellä olisi yksi rannekello talviaikaa ja toinen kesäaikaa varten, niitä kun sattui olemaan kaksi. Käsittääkseni mummu toimi näin useita vuosia matkan jälkeen. Toinen yhteinen reissumme tehtiin Sveitsiin mummun siskon Ainon ja hänen miehensä Kalervon luokse. Matkasta on jäänyt hyvin lämpimät muistot. Vierailimme mm. Pilatus-vuorella, jonka huipulle mentiin gondolihissillä. Tuolloin ajetut Sveitsin kiemurtelevat serpentiinitiet muistuivat mieleeni vielä vuosia myöhemmin matkustaessani aikuisena puolisoni ja kavereideni kanssa Italiassa vuokra-autolla vuonna 2015.

Nuorena aikuisena, juuri Tampereelle muuttaneena, mummun luona Korkinmäessä käyminen tuntui lohdullisen tutulta, muuttumattomalta paikalta kaiken muun muutoksen keskellä. Mummu tarjosi aina iltapalaa, johon kuului olennaisena osana hedelmäsalaatti raejuustolla sekä earl gray. Hedelmäsalaattiin hän muisti aina laittaa viherherukoita, koska tiesi minun erityisesti pitävän niistä. Omien lasten syntymän myötä en valitettavasti ole vieraillut mummun luona lainkaan niin paljon kuin olisi pitänyt. Kuitenkin nimenomaan omien lasten myötä mummun iso rooli omassa lapsuudessani on kirkastunut ja olen lukuisia kertoja miettinyt, miten iso apu mummusta on perheellemme täytynyt olla – ja miten hän on meitä aikuisuuteen saakka mielessään kantanut.

Pilvi Laurikka, os. Paarlahti (s. 1990) on sisätautien erikoislääkäri, LT ja Liisa Tellervon vanhin lapsenlapsi.

PERTTU PAARLAHTI

KESÄPARATIISI
JA ODOTETTU JOULUVIERAS

Koko elämän Mummu

Ensimmäiset muistoni Mummusta ovat Vilppulasta, missä perheemme asui vuosina 1991–1996 ja missä minä synnyin syksyllä 1992. Nuo ensimmäiset muistikuvani ovat ajalta, jolloin olin noin kolmevuotias. Muistan kotimme keittiön ja olohuoneen välisen saarekkeen ja takaa-ajoleikin. Minä ja isosiskoni Pilvi juoksimme saareketta ympäri, Mummu perässä. Välillä vaihdoimme yllättäen suuntaa. Muistan sen olleen erittäin hauskaa. Itse asiassa juuri muuta en Vilppulan ajasta muistakaan.

Mieleeni ovat jääneet myös elokuulta 1999 ensimmäiset koulupäiväni Mäntässä. Mummu oli hoitamassa meitä ja saattoi minua kouluun pikkusiskoni Pinjan kanssa. Koulun jälkeen kotona oli jäätelöä. Pinja ja Mummu olivat poikenneet Siwassa (Mäntän legendaarisessa "peltisiwassa" Puistokadulla, jonka tiloissa toimii nykyään K-Market) paluumatkalla ostamassa sitä ja Pinja oli varmistanut, että Mummu ei unohtaisi minua. Ei hän olisi varmaan muutenkaan unohtanut.

Paljon Mummuun liittyviä muistoja on myös Jäminkipohjan mökiltä, Lauttarannasta. Lauttaranta oli minulle lapsena jonkinlainen kesäparatiisi. Päivät kuluivat kroketin, uimisen ja Tarzan-kirjojen parissa ja niitä rytmittivät aina täsmälliset ruoka-ajat. Kaikkein parasta oli, kun Mummu vei meidät mato-ongelle Lauttarannan rantakalliolle. Kalaa tuli harvoin, mutta ei sen ollut väliä, ruokapöytä oli silti runsas. Lempiruokaani oli Mummun tekemä makaroni ja lihapullat. Söin aina kattilan tyhjäksi.

Mummu liittyy vahvasti myös joulumuistoihini Mäntässä, jonne perheemme muutti alkuvuodesta 1996 ja jossa asuin siihen asti, kun lähdin Tampereelle opiskelemaan vuonna 2012. Mummu oli odotettu vieras, joka saapui meille joka toinen joulu ison lahjasäkkinsä kanssa. Lahjana oli usein itsepainettuja teepaitoja. Lapsena niitä ei osannut ehkä arvostaa tarpeeksi, mutta muutama paita on edelleen käytössä kesä- tai yöpaitana. Paidat olivat ainakin kestäviä ja käytännöllisiä.

Sittemmin roolit ovat kääntyneet. Viime vuosina on ollut minun vuoroni vierailla Mummun luona Korkinmäessä. Nurmikonleikkuuta, korkealle kurkottelua, tavaroiden kantamista, ja etenkin tietokoneasioissa auttelua. Askareet ovat yleensä pieniä, mutta vierailussa kuluu silti hyvä tovi. Vanha, tuskallisen hidas nuhapumppu (tietokone, ei Mummu) pitää siitä huolen. Se ei haittaa, koneen raksuttaessa on hyvin aikaa vaihtaa viimeaikaisia kuulumisia.

Mummu on ollut osana elämääni koko ikäni ja hänen luonaan on vierailtu aina säännöllisesti myös arkena. Hän on myös aina ollut paikalla suvun juhlissa, lapsuuden syntymäpäivistä valmistujaisiin. Tämä kirja ja kirjoitukseni osana sitä juhlistavat nyt Mummun pitkää elämää. On hyvä olla siinä juhlassa mukana.

Perttu Paarlahti *(s. 1992) on toiseksi vanhin Liisa Tellervon lapsenlapsista. Diplomi-insinööri ja tietokoneihminen kivenheiton päässä Korkinmäestä.*

PINJA VÄISÄNEN

LUPIINEJA JA
SISKONMAKKARAKEITTOA

Tämän vuosituhannen alkuvuosina kesät olivat aina aurinkoisia ja kesälomat Lauttarannassa loputtoman pitkiä. Sanasta "kesäloma" minulle tulee edelleen vahvasti mieleen Lauttaranta, kesäpäivät Mummun kanssa. Kun sai käydä uimassa vaikka kymmenen kertaa päivässä, pelata krokettia ja sulkapalloa, kävellä aamuisin porukalla Kuoppamäen pihatien alkuun postilaatikolla käymään keräillen samalla tienpientareelta lupiineja, leinikkejä ja kissankelloja, ja elää niin huoletonta ja turvallista länsimaalaisen lapsen elämää kuin mahdollista.

Lomalla tehtiin varmasti muutakin kuin oltiin Lauttarannassa, mutta näin aikuisena muistikuvat kertovat, että siellä oltiin "koko kesä". Ajantaju katosi, eihän sellaisen yhdeksänvuotiaan lapsen tarvitse olla kärryillä siitä mikä viikonpäivä, tai edes mikä kuukausi on menossa. Kunhan joskus elokuun kymmenennen päivän tienoilla on taas koulunpenkillä.

Vaikka elo mökillä mummun kanssa oli vapaata ja huoletonta, tietyt rutiinit kulkivat aina mukana. Kuten se, että kirkolle asioille lähtiessä Mummu laittoi siskonmakkarakeiton aromipesään tekeytymään. Kirkolla kierrettiin perinteiset S-Market, hautausmaa, laivaranta jäätelökioskeineen, sekä alkukesästä Kukkapaikka. Pikkutytön mielestä paikoin tylsääkin, mutta palatessa odotti paras palkinto – iso annos maailman parasta keittoa.

Muitakin tapoja hioutui mökkiväen kesken. Ruokapöytään mentiin aikaisintaan kolmannen kehotuksen jälkeen, vasta sitten kun Mummu vähän jo hermostui. Krokettirata rakennettiin aina samalla tavalla, limsamukit olivat jokaisella oman värisensä, saunomisjärjestys oli aina sama, eikä saanut unohtaa katsoa onko myyrä kotona. Päiväkahvit juotiin kuumina päivinä nurkalla suuren koivun alla, Mummu tukevassa puisessa puutarhatuolissa kasvot mökkiin päin, kahvimukissa mansikoita.

Mummu lämmitti saunan aina hyvin kuumaksi ja heitti liikaa löylyä. Kun saunan ikkunasta näkyi Mummun vaaleanviolettiin froteepyyhkeeseen kietoutunut hahmo, tiesi että kohta tulee kuuma. Omasta löylynheitostani kuulen nykyään samaa, heikot saavat väistyä. Tähän vastaan, että olen oppinut parhaalta.

Pinja Väisänen, os. Paarlahti (s. 1994) *on floristi ja "kukkakaupan täti", Liisa Tellervon lapsenlapsista ikäjärjestyksessä kolmas.*

Saunan ikkunan huurteeseen

piirtyvät muotoni

aiempaa pehmeämmät.

Usko tai älä:

vähä vähältä pidän itsestäni enemmän.

Pilvi Laurikka

HILLA VALLIN

"MAHTAVA RAUTAMUORI!"

Muistikuvia Mummusta
isolla alkukirjaimella

Eniten muistoja Mummun kanssa vietetystä ajasta minulla on kesäisestä mökkiympäristöstä Ruoveden Jäminkipohjasta. Mökkeilyyn Mummun kanssa kuului monia rutiineja, kuten paikallisen Marittan kasvitarhan tuotteiden metsästäminen kirkonkylän kaupoista ja Monitorilta (sekä Mummun ja äidin kiistelyt siitä, minä päivinä sinne Monitorille tulikaan toimituksia) ja jäätelön ostaminen uskollisesti jokaisella käynnillä "kirkolla". Kesien aikana opin Mummulta monia tärkeitä taitoja. Mummun neuvojen myötä tiedän näin aikuisena muun muassa kuinka sauna "kriipastaan" hyvin eli sytytetään tuli kiukaan alle, millaisia risuja kannattaa etsiä hyvään varpuluutaan ja kuinka valmistetaan munakokkelia.

Oma syntymäpäiväni on loppukesällä parhaaseen sadonkorjuuaikaan. Aika monta synttäriä olenkin viettänyt Mummun seurassa erilaisia luonnonmarjoja metsästämässä. Jossain vaiheessa vanhetessani aloin ilmeisesti esittää toiveita muistakin aktiviteeteista. Niinpä pienimuotoiseksi perinteeksi kehittyi retki kaupunkiin eli Tampereelle katselemaan elokuvia ja syömään kiinalaista ruokaa. Keskustaan lähdettäessä oli aina tärkeä muistaa ajaa Klassillisen lukion eli Klasun parkkiin. Mummulla kun oli vielä vuosia eläköitymisen jälkeen parkkilupa tallessa ja sitä toki käytettiin hyväksi.

Talvivisiittejä Tampereen mummulaan tehtiin varsinkin hiihtolomilla ja joulun alla. Muistan Mummun kanssatehdyt reissut pulkkamäkeen ja katsomaan jouluvaloja Hämeensillalla. Niinä vuosina, jolloin Mummu haettiin Hollolaan joulunviettoon, piti muistaa jättää autoon tilaa Mummun mukana kulkeville valtavan kokoisille, juuttikankaisille lahjasäkeille. Saatuani ajokortin sain tämän tärkeän hakureissun yksin hoidettavakseni. Sää oli tietenkin juuri silloin karmea, mutta matkasta tuiskussa ja tuiverruksessa selvittiin lopulta kunnialla.

Mummun luonteenlaatua kuvaa hyvin eräs tilanne Tampereen keskustorin paikkeilla. Olimme jostakin tulossa kävellen ja Mummu kulki iltapäiväruuhkassa edelläni turhautuneena puolta vaihdellen ja itsekseen puhisten. Turhautumisen syyksi paljastui lopulta se, että "joku mummu käveli kamalan hitaasti edessä ja tukki tien". Mummu itse taisi olla silloin noin 75-vuotias.

Omissa häissäni 2019 Mummu oli toki myös paikalla. Muistan tuolloin opiskelukavereideni kysyneen jossain vaiheessa melko myöhäistä iltaa, kuka mahtaa olla tuo ihana mummukka juhlimassa. Minä siihen, että se on mun 84-vuotias Mummu. "Mahtava rautamuori!" totesivat kaverit ja minusta se oli varsin osuvasti sanottu.

Hilla Vallin os. Mikkonen *(s. 1994), FM (kulttuurihistoria), KK (varhaiskasvatuksen opettaja) on Liisa Tellervon nuorin lapsenlapsi.*

SANNA-LEENA PAARLAHTI

ANOPPI JA ISO APU

"Kuitenkin nimenomaan omien lasten myötä mummun iso rooli omassa lapsuudessani on kirkastunut ja olen lukuisia kertoja miettinyt, miten iso apu mummusta on perheellemme täytynyt olla – ja miten hän on meitä aikuisuuteen saakka mielessään kantanut."
(Pilvi Laurikka)

Tapasin Liisan ensimmäisen kerran syksyllä 1981 ollessani ensivierailulla Korkinmäessä. Enpä silloin vielä osannut ajatella häntä tulevana anoppinani, vaikka rakastunut hänen poikaansa olinkin.

Korkinmäen kodin tunnelma tuntui minusta rauhalliselta, sillä kolmen isoveljen sisarena olin tottunut hieman erilaiseen meininkiin. Se oli koti, jossa äiti hääräsi keittiössä ja ateriat rytmittivät päivää lähes kellon tarkkuudella. Liisa oli kodin hengetär. Koin, että minut otettiin hyvin vastaan ja seurustelumme aikana vietimme usein viikonloput Korkinmäessä.

Muistelen erityisellä lämmöllä sitä apua, jota Liisalta saimme lastemme ollessa pieniä. Teemun työajaton työ pappina seurakunnassa ja minun kolmivuorotyöni terveyskeskuksen vuodeosastolla asettivat melkoisia haasteita lastenhoitoon. Liisan avulla saimme asiat järjestymään hyvin myös niinä viikonloppuina, kun me molemmat vanhemmat olimme työvuorossa. En koskaan epäillyt, etteikö hän selviäisi tehtävästä. Lapsille mummun meille tuleminen oli aina mieluista.

Mukavia muistoja on myös kesistä Lauttarannassa.

Sanna-Leena Paarlahti os. Sulin on Tampereen likka ja sairaanhoitaja (YAMK), Liisa Tellervon miniä vuodesta 1987.

Harsokorennon siivet ikkunaani vasten

pyrkimässä valoon,

elokuun ilta luo kontrasteja.

Istun pehmeän plyysin päällä ja

kehrään kyyneleistäni lankaa.

Pilvi Laurikka

Teemu Paarlahti

Päämaja kutsuu –

kaukopartio

Äidit näkevät, sanat iskevät

kuin pajavasara.

PÄÄMAJASSA

–Terve, missä olet?

–Päämajassa.

Olen ottanut puhelun rovasti Ismo "Ispe" Kunnakselle, jonka kanssa ystävyys on jatkunut yli viisikymmentä vuotta. Ispe on pappina Tampereella, Liisa Tellervon kotiseurakunnan kappalainen – ja nuoremman tyttäreni kummisetä. Nyt ajaudun hänen vastauksensa myötä oletustilaan:

–Näsilinnankadulla?

Kysymykseni viittaa Näsilinnankadulla sijaitsevaan Seurakuntien taloon, jota yhtymän hallintojohtaja takavuosina kielsi työntekijöitä kutsumasta Setaksi. Onhan se jonkinlainen Päämaja: Tampereen seurakuntien keskuskonttori.

–Ei, kun äidin luona Harkontiellä, Ispe sanoo.

Näin se on: vaikka miehet kuinka tulevat tiettyyn ikään ja heistä kasvaa ties kuinka kurittomia ja puolivallattomia, väkevien äitien varjot vilahtelevat taustakuvassa. Niin Korkinmäessä kuin Taatalassa. Ja joissakin muissa paikoissa.

Tähän kohtaan sopii kuvitteellinen muistikuva. Fiktiota tietysti, mutta jollain lailla siinä on nuoren Ispen askelten poljento ja minut itsenikin on siihen kirjoitettu sisään. Ja äitien varjot.

Ape hommasi Ekasta kaljat,
tuli reteesti kassit täynnä
ykköstä.
Jos oltaisiin oltu Mustassalahdessa
se olisi mennyt sujuvasti
parinkin kölin alta.
Oli vielä turhaan kärähtänyt kotonaan.

Äidit väkevät näkevät extended version.

(kokoelmasta Sudaen jälkeen, Mediapinta 2017)

SE ON SIINÄ

Marraskuu 2020. Olemme kokoontuneet Tampereelle, Hatanpään puistosairaalan kappeliin. Läsnä on sen kokoinen joukko kuin voimassa olevat koronasäädökset sallivat. Olemme kokoontuneet hyvästelemään Virtasen Jounin, jonka elämä on päättynyt lokakuun lopulla, pyhäinpäivän aattona, 84 vuoden iässä. Viitasen hautaustoimistohenkilö on arkuttanut hänet kantasairaalan säilytystiloista, nyt hän makaa avoimessa arkussa Vesa Varrelan *Lux aeterna* -taideteoksen vierellä. Se on sopivaa Tampereen klassillisen lukion emeritusrehtorille.

Myös Liisa Tellervo on halunnut tulla paikalle. Siitä huolimatta, että hänen ja Virtasen Jounin avioliiton karille menemistä on jo vuosikymmeniin yltävä aika. Ja vaikka muistoissa on myös viheliäisiä. Sellainen on hengen suuruutta.

Pidämme rukoushetken, puhumme asioita jäähyväisiksi.

"Kiitän Jounia kahdesta ihanasta lapsesta." Liisa Tellervon sanat avoimella arkulla koskettavat. Tarkemmin sanottuna ne iskevät kuin pajavasara. Se on niin paljon sanottu.

Nyt, neljä vuotta myöhemmin kirjoitan tätä editoituani sitä ennen tähän kirjaan sisältyvän sisareni kirjoituksen julkaisukuntoon. Jään miettimään meitä, Liisa Tellervon lapsia. Miten olemme olleet osa hänen elämäänsä yli kuusikymmentä vuotta, olleet sitä hyvin eri tavalla. Yksinkertaisesti siksi, että olemme niin erilaisia ja koska toinen meistä on Liisa Tellervon tytär ja toinen poika. Sisareni on toisella tavalla ulospäin suuntautunut kuin minä, joka olen henkiseltä rakenteeltani sellainen, että päästän harvoja ihmisiä oikeasti lähelleni, tarvitsen aikaa ja tilaa ympärilleni. Vuoden 2018 aivoverenvuoto ei mitenkään vähentänyt tätä tarvetta. Ja kuitenkin on paljon, joka kietoutuu meihin kaikkien ympäri. Tunnistamme toisemme omiksi ihmisiksimme.

Vanhemman tyttäreni ollessa jossain parinkymmenen korvilla hän kerran kysyi minulta: "Iskä, oletko sinä koskaan polttanut pilveä?" Vastasin kieltävästi ja kerroin, että minun nuoruudessani kalja ja tupakka riittivät nuorison tapainturmelukseksi. Nuori medisiinari jatkoi: "Joo, kun mä mietin sitä. Äidistä mä olin varma, että se ei ole, mutta sua mä vähän epäilin. Kun sulla on aina ollut kaikenalisia virityksiä ja sä olet liikkunut epäilyttävissä humanistipiireissä."

Aika muuttuu. Vanhemmuus muuttuu mukana. Tyttäreni saattoi kysyä minua jotain, mitä minä en olisi osannut kuvitella kysyväni omiltani. Myös isovanhemmuus on ollut erilaista Liisa Tellervon kohdalla kuin häntä edeltävällä polvella. Omani on erilaista kuin Liisa Tellervolla.

Paljoin muuttuu, jotain pysyy. Me ihmiset olemme erilaisia, joskus kuin päivä ja yö, vaikka olemme verisukulaisia. Se mikä meitä yhdistää on se välillä vaikeasti määriteltävä ja vaikeasti ilmaistava asia, jota kutsutaan rakkaudeksi.

Yhdeksänkymmentävuotias tietää elämästä paljon. Osa tiedosta on turhaa, mutta toivon ja uskon, että Liisa Tellervo tietää tärkeän: hän on ollut ja on omiensa rakastama. Ja vielä enemmän.

Keväällä 2024 kävelin Tammelan stadionilta Tampereen rautatieasemalle lähteäkseni TPV:n ottelun jälkeen Haapamäen rataa kotiin päin. Laskeutuessani Tullin ratikkapysäkin vaiheilta alamäkeä havaitsin lähellä ihmisiä, jotka olivat selvästi liikkeellä evankelioimistarkoituksin. Nuori nainen puhutteli minua kysyen, saako pysäyttää minut hetkeksi. Sanoin hänen jo tehneen niin. "Kuule, onko kukaan kertonut sinulle, että Jumala rakastaa sinua?" hän kysyi. "On sellaisesta ollut puhetta", vastasin.

Niin. On ihmisten välistä rakkautta suurempaa. Liisa Tellervolle ja meille kaikille. Se on siinä.

Ketju jatkuu

Purkavat kerrostaloa.

Maisema arkistoituu digimuistoisiksi kuviksi

ja omistusoikeuteni siihen

käy vuosi vuodelta kyseenalaisemmaksi.

Menetän otettani,

mutta vanha kylänraitti pitää omansa.

Se vie minut työväentalon sivuitse

vihreään, jonka luulen olleen täällä aina.

Puhki pidettyjä kesiä on enemmän kuin ennen,

mutta aurinko laskee yhä Jäminginselkään.

Kuulen edelleen veden kihisevän sen jäljiltä,

tuomiokirkon kellot ja valuuttakurssit

keittiön Blaupunktista

ja jokin saa minut kulkemaan vähä-äänisin askelin

kun lähden jätettyäni avaimen jemmapaikkaan

toisten tulla.

Teemu Paarlahti *(kokoelmasta Jäminkipohjan maksiimi: kollaasi. BoD 2020)*

Hento lupaus

    Varovainen odotus

Yksi kerrallaan aukeava terälehti.

Pilvi Laurikka

Tulet luokseni

kiharat pörrössä,

liehuva kylpytakkisi on sankarin viitta.

"Äiti tämä solminto avautui."

Sankari tarvitsee apuani.

Solmin nauhan

        pörrötän tukkaa

tunnen kuinka solmu minussa aukeaa.

Pilvi Laurikka

SISÄLLYS

TEEMU PAARLAHDEN KIRJOJA BOD:LLÄ

Jäminkipohja Sundae. *Jäminkipohjasta Narvaan, Krimiltä Pariisiin. Runoja vuosilta 1998–2015. Takana Mänttä ja Eurooppaa. 2015.*

Jäminkipohjan maksiimi: kollaasi. *2020.*

Palstakirja: ***neljän polven istutuksia.*** *Omistettu Jouni Paarlahdelle hänen täyttäessään 80 vuotta. Toimittanut Teemu Paarlahti. 2016.*

Teemu Paarlahden kirjalliseen tuotantoon kuuluvat yllä mainittujen lisäksi muun muassa novellikokoelma **Radan varrella Waterloo: kertomuksia elämän karheilta pinnoilta** *(Kustantamo Helmivyö 2018) ja kaikkia genremääritelmiä pakeneva luku- ja ratapäiväkirja* **Lääkäri pukeutuu Pravdaan: näkyjä Haapamäen radalla** *(Nysalor-kustannus 2021).*